Willkommen im neuen Lernjahr. Sicher bist du gut erholt. Weißt du noch, was du im letzten Schuljahr gelernt hast? Probiere es doch gleich einmal aus.

Вот это я, Незнайка, а кто ты?

1 Notiere mindestens sechs Fragen, die du dem Mädchen gern stellen würdest.

M Как тебя зовут?

AF204171

2 Vervollständige die Fragen zu deiner Person und beantworte sie.

К_____ тебя зовут? _____

_____

Ты_____ спорт?_____

_____

Ч____ ты люб_____ есть на обед?

_____

_____ говор_____ по-_____?

_____

Ск____ко_____ лет?

_____

Это г__р__дилид__р__вня?

_____

Г____ ты жив____?

_____

У____ есть бр____ или сестра?

_____

От_____ ты?

_____

Что ты любишь делать?

1 а) **Fülle die Übersicht mit deinen Angaben aus.**   ☐☐ = не люблю   ■☐ = люблю   ■■ = очень люблю

Что ты любишь делать?

читать фэнтези	☐☐	кататься на велосипеде	☐☐
слушать музыку	☐☐	говорить по телефону	☐☐
играть на гитаре, …	☐☐	фотографировать	☐☐
играть в карты, …	☐☐	есть пиццу и пить колу	☐☐
играть на компьютере	☐☐	говорить по-русски	☐☐
смотреть телевизор	☐☐	играть в шахматы	☐☐
танцевать	☐☐	кататься на скейтборде	☐☐
рисовать	☐☐	сидеть в Интернете	☐☐
делать уроки	☐☐	кататься на роликах	☐☐

б) **Befragt euch gegenseitig und markiert Gemeinsamkeiten farbig.**

M – Что ты любишь делать? Что ты не любишь делать?

в) **Fordert euch auf, etwas gemeinsam zu tun und reagiert darauf.**

M – Давай(те) кататься на роликах!   – Давай(те)!

– Давай _____   _____

– Давайте _____   _____

---

2   **Дополни предложения. Ответь на вопросы (→ упр. 1).**

M – Когда ты любишь слушать музыку?   – Я люблю слушать музыку после школы.

– Когда ты любишь _____?   _____

– Ты любишь _____ после обеда?   _____

– С кем ты любишь _____?   _____

– Где ты любишь _____?   _____

---

3   **Что ты делал(а) вчера?**

M Вчера вечером я играл(а) в шахматы (с дедушкой).

Вчера после школы _____

Вчера утром _____

Вчера вечером _____

Я очень хочу есть и пить.

1 Stelle dir vor, du bist sehr hungrig und durstig. Schreibe die Fragen in der richtigen Reihenfolge auf, damit du etwas zu essen und zu trinken bekommst.

Где здесь кафе?

Туда можно дойти пешком?

Сколько стоят пельмени и квас?

У вас есть блины или пельмени?

Это далеко отсюда?

Как доехать до кафе?

_____   _____

_____   _____

_____   _____

2 Gib einem Touristen Auskunft, wie er schnell zu einem dieser Ziele gelangt.

Beginne so: Это недалеко отсюда. _____

_____

_____

3 a) Du bist zu Gast in einer russischen Familie und wirst reichlich bewirtet. Reagiere höflich.

– Что ты хочешь есть и пить?

_____

– Бери ещё борщ!

_____

– Ты курицу любишь?

_____

– Будешь ещё сок?

_____

– А ты попробуй ещё пельмени!

_____

б) Am Ende der Mahlzeit ist es üblich, sich beim Gastgeber zu bedanken und ein Lob für die Bewirtung auszusprechen. Notiere, was du sagen würdest.

_____

Скоро приедут ребята из Германии.

1 Дополни вопросы и ответь на них.

М – На чём можно доехать до Москвы?

– До Москвы можно доехать на поезде.

– На чём можно доехать до _____?

– На чём можно доехать до _____?

– На чём можно доехать до _____?

2 Markiere die richtige Form des Verbs.

Настя получила/получить e-mail от Ани из Дрездена.

Ребята из Германии приедет/приедут в Калугу.

Но сначала они хотят посмотреть/посмотрят Москву.

Света хочет знает/знать, на чём гости приедут в Калугу.

Настя это уже знает/знать.

3 Höre die Lautsprecheransagen auf dem Kiewer Bahnhof in Moskau.
a) Notiere, wann welcher Schnellzug (скорый поезд) von Gleis 5 (с пятого пути) abfährt.

№ поезда	Маршрут	Время отправления[1]
33	Москва – Одесса	10:48
81	Москва – Калуга	
23	Москва – Анапа	

1 ср. отправляться

б) Ergänze, woher die Züge kommen.

№ поезда	Маршрут	Время прибытия[2]
16	Ужгород – Москва	10:00
5	– Москва	11:22
86	– Москва	12:07

2 ср. прибывать

4 Setze die richtige Form des Verbs *ехать* ein.

Ребята, куда вы _____?

Эти ребята – из Германии. Они _____ в Калугу.

Мы _____ в Калугу.

Интересно! Куда он _____?

I want to go to Smolensk. Is this the right train to Smolensk?

Красная Шапочка, куда ты _____?

Я _____ в деревню. Там живёт моя бабушка.

5 Куда идут ребята? Ответь на вопрос.
Trage die Substantive in die richtige Zeile ein. Achte auf Präpositionen und Endungen. ⤢ G 1

гостиница вокзал аптека банк дискотека почта кафе стадион бассейн

Ребята идут в гостиницу, _____

Они идут на _____

6 Куда идут ребята? А кто уже там? Дополни предложения.

M Настя и Борис <u>идут</u> в школу,
а Света уже <u>в школе</u>.

Антон _____ в спортзал, а Максим уже _____.

Я _____ на концерт, а мои друзья уже _____.

Вы _____ на платформу номер 2? А ваши гости уже _____ номер 1.

Мы _____ в музей, а мама с папой уже _____.

Ты _____ на остановку, а автобус уже _____.

7 Ergänze die Fragen und verbinde sie mit den richtigen Antworten.

– Настя, ты _____?   – Да, мы очень устали.

– Глеб, ты _____?   – Да, я чуть-чуть устала.

– Бабушка, дедушка,   – Нет, я не устал.

   вы _____?

8 Ergänze im Kreuzworträtsel die Vokale.
Schreibe dann die Wörter in alphabetischer Reihenfolge auf.

Wörter zum Thema

Bahnfahrt

1. _____

2. _____

3. _____

4. _____

5. _____

6. _____

7. _____

8. _____

9. _____

9 Höre zu, was die Zugbegleiterin und der Zugbegleiter sagen und markiere die richtigen Aussagen.

1. Die Zugbegleiterin begrüßt euch und möchte eure Fahrkarten sehen.

    Die Zugbegleiterin verabschiedet sich von euch und gibt eure Fahrkarten zurück.

2. Der Zugbegleiter zeigt euch, wo ihr ihn immer finden könnt.

    Der Zugbegleiter zeigt euch euer Abteil und eure Plätze.

3. Die Zugbegleiterin erklärt, dass die Toilette am Ende des Ganges links/rechts ist.

4. Der Zugbegleiter möchte wissen, ob ihr Tee, Limo oder Kaffee trinken möchtet.

5. Der Zugbegleiter sagt, dass der Zug heute abend/morgen früh/morgen abend

    in Moskau ankommt.

1 Ergänze die passenden Formen der Personalpronomen. ⤴ G2
Beachte dabei, dass einige Formen mehrmals vorkommen.

Nominativ	я
Genitiv	у _____
Dativ	ко _____
Akkusativ	_____
Instrumental	со _____
Präpositiv	обо _____

2 Lies die Sätze über Sweta, Nastjas Freundin. Schreibe auf, wie Sweta über sich erzählen würde.

У Насти есть подруга. Подругу зовут Света.

Свете 13 лет.

Настя часто сидит с подругой в чате.

Настя знает о Свете всё.

Я – подруга Насти. _____

_____

_____ А я всё знаю о Насте.

3 Markiere die richtige Form von *ты*.
Lies vor, was das Kätzchen dem Hund sagen würde.

Хочу всё о (тебя/тебе/тобой) знать!

Как (тебя/тебе/тобой) зовут?

Сколько (тебя/тебе/тобой) лет?

У (тебя/тебе/тобой) уже есть друг?

Я очень хочу с (тебя/тебе/тобой) вместе есть.

4 Füge die richtigen Formen von *он* und *она* ein.

У Марко есть брат.

_____ ещё маленький.

Марко с _____ играет.

Он любит _____ фотографировать.

Марко разговаривает о _____ с Аней.

он   она   его   её   с ним   о нём   о ней   с ней

У Ани есть сестра.

_____ ещё маленькая.

Аня с _____ играет.

Она любит _____ рисовать.

Аня разговаривает о _____ с Марко.

5 Verbinde die Wortgruppen mit den passenden Personalpronomen.

об Ане и о Марко	они
у Ани и у Марко	у них
с Аней и с Марко	им
Аню и Марко	их
Ане и Марко	с ними
Аня и Марко	о них

Viele nichtrussische Vornamen, wie z. B. *Марко* werden nicht dekliniert.

6 Прочитай ответы и дополни вопросы.

– Мальчики, как _____ зовут?

– Нас зовут Борис и Артём.

– Сколько _____ лет?

– Нам 13 лет.

– У _____ есть собака или кот?

– У нас есть собака.

– Кто любит играть с _____ в волейбол?

– Настя любит играть с нами в волейбол.

7 Schreibe die Farben der Waggons auf und male sie dann entsprechend aus.

| крыйнас | нийис | лёжытй | бугойол | ровыйзо | бежйыве |

цвета: _____

8 Напиши вопросы и ответы.   ⬏ G 3

какой	чёрные
какое	белая
какая	зелёное
какие	серый

платье
брюки
свитер
футболка

М   – Какой это свитер?

– Это серый свитер.

_____   _____

_____   _____

_____   _____

9 Кто здесь Саша, Марина, Наташа, а кто — Вадим?
Höre die Dialoge und male die Kleidungsstücke mit den benannten Farben aus.

1 А
1 Б
1 В

   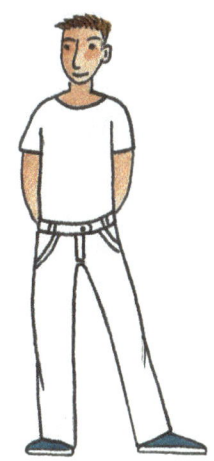

Наташа _____ _____ _____

10 Verbinde die Fragen mit den passenden Antworten. Setze dann die richtigen Endungen der Adjektive ein. ↗ G 4

С как<u>им</u> рюкзаком приехал Марко?

С как<u>ой</u> сумкой Аня идёт в кафе?

В как<u>ом</u> свитере Борис любит ходить?

В как<u>ой</u> футболке любит ходить Артём?

Как<u>ому</u> мальчику пять лет?

Как<u>ой</u> девочке тринадцать лет?

Как<u>ого</u> свитера у Ани нет?

Как<u>ой</u> рубашки нет у Марко?

Как<u>ой</u> адрес ты хочешь знать?

Как<u>ую</u> книгу ты читаешь?

Электронн_____ адрес.

Сер_____ свитера.

В тёпл_____ свитере.

С красив_____ сумкой.

Бел_____ рубашки.

Интересн_____ книгу.

В коричнев_____ футболке.

Больш_____ девочке.

Маленьк_____ мальчику.

С больш<u>им</u> рюкзаком.

11 Setze die richtigen Endungen ein.

-ый, -ого, -ому, -ого, -ым, -ом!

Два брата

Ⓜ У Марко есть маленьк<u>ий</u> брат.

Марко любит читать маленьк_____ брату книги.

Он любит фотографировать маленьк_____ брата.

-ая, -ой, -ой, -ую, -ой, -ой!

Две сестры

У Ани есть маленьк_____ сестра.

Аня любит играть с маленьк_____ сестрой.

Она часто говорит о маленьк_____ сестре.

Аня очень любит маленьк_____ сестру.

Что мы будем делать?

1 Du kennst schon viele Verben auf -**ать**. Ordne sie ein.

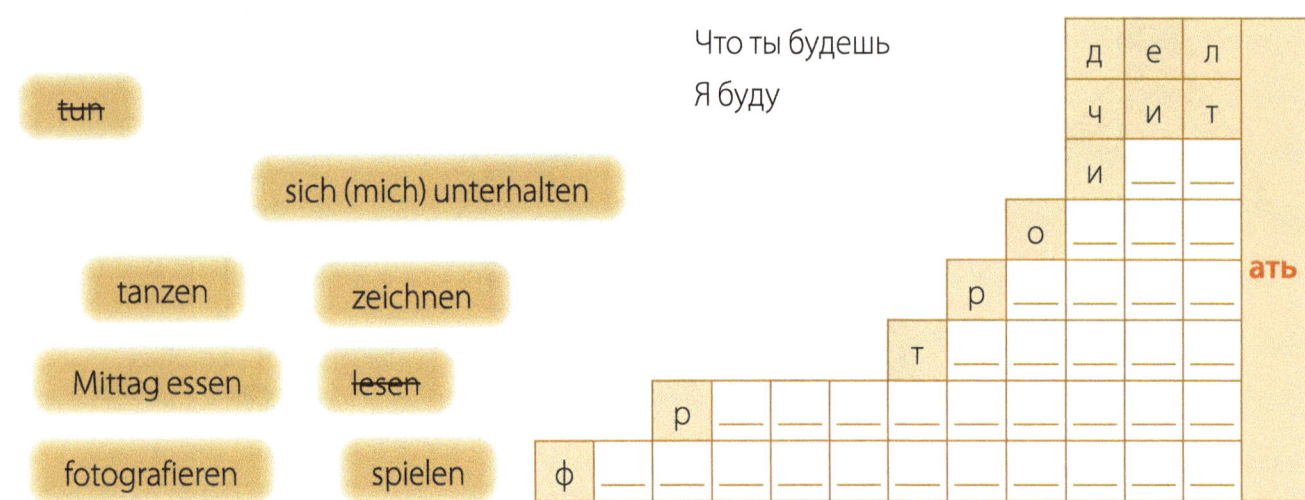

tun

sich (mich) unterhalten

tanzen   zeichnen

Mittag essen   lesen

fotografieren   spielen

Что ты будешь
Я буду

		д	е	л	
		ч	и	т	
		и			
	о				
р					
т
р
ф

ать

---

2 Напиши, что ребята будут делать.   ↗ **G 5**

1. Вчера вечером Борис и Артём делали уроки.

    Сегодня вечером они тоже _____ .

2. Утром Света уже говорила по телефону с Настей.

    Вечером она тоже _____ .

3. – Света, ты уже обедала в школе, или ты _____ дома?

    – Нет, в школе я не обедала, и дома я тоже не _____ .

    Сегодня я _____ у Насти.

4. – Ребята, вы уже играли сегодня в волейбол, или вы _____

    _____ завтра на спортивном празднике?

    – Мы очень любим волейбол. Сегодня мы уже играли, и завтра тоже

    _____ .

---

3 Nutze das russische Alphabet und finde heraus, welche Pläne Marco hat.

9	1	3	20	18	1		15	1		19	17	16	18	20	10	3	15	16	14
		17	18	1	9	5	15	10	12	6		33		2	21	5	21		
3	19	7		22	16	20	16	4	18	1	22	10	18	16	3	1	20	30	

4 Напиши, что ты делал(а) вчера или сегодня утром. Что ты будешь делать вечером или завтра?

_____

_____

_____

5 Höre zu, welche Vorschläge die Schüler unterbreiten und markiere die richtige Aussage.

Ребята, давайте играть	в гандбол, в волейбол, в баскетбол!
Давайте лучше кататься	на велосипеде, на сноуборде, на скейтборде!
Или лучше поедем	в город, на озеро, в музей!
Давайте пойдём	на стадион, в спортзал, на спортплощадку!
Пойдёмте	к вам в гости, к нам в гости, к ним в гости!

6 Bereite dich auf ein Gespräch mit russischen Austauschschülern vor.
Schlage ihnen vor,

– ins Konzert zu gehen. _____

– ins Kaufhaus zu fahren. _____

– Tennis oder Federball zu spielen.

_____

– zu dir nach Hause / zu Besuch zu kommen.

_____

7 Du hast deinen russischen Gästen Vorschläge für gemeinsame Unternehmungen unterbreitet.
Über welche ihrer Reaktionen würdest du dich freuen? Wähle aus.

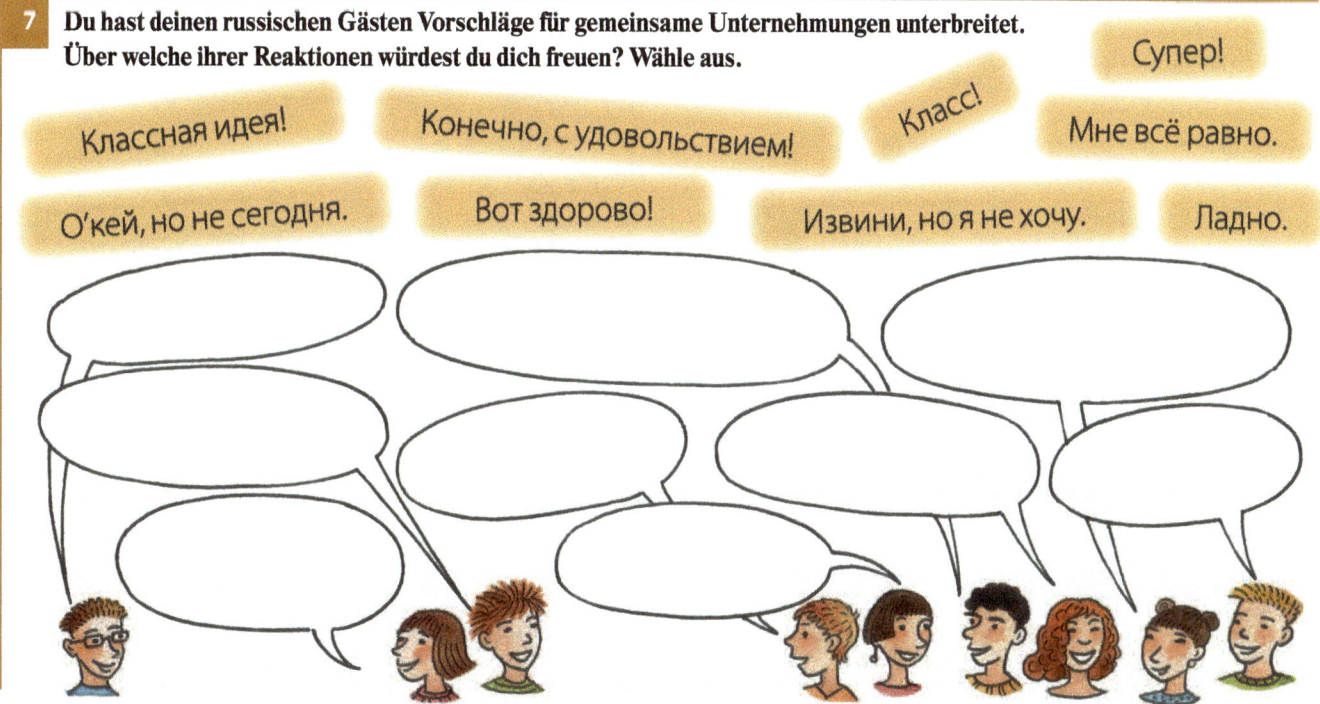

8 Напиши, что есть в большом городе, и чего нет в маленькой деревне. ↗ G 6

Ⓜ В большом городе есть <u>театры</u>,

| театр |
| вокзал |
| гостиница |
| супермаркет |
| ресторан и кафе |

В маленькой деревне нет <u>театров</u>,

_____

_____

_____

_____

_____

_____

_____

_____

9 Markiere die richtige Form des Substantivs.

1. В Москве 9 вокзал/вокзала/вокзалов/вокзалы.
2. В вагоне 48 места/место/местом/мест.
3. Билет на электричку стоит 100 рублей/рубля/рубль/рубли.
4. У Насти 5 подруга/подруги/подругу/подруг: Света, Аня, Лена и две Даши.
5. В классе 16 мальчиков/мальчика/мальчики и 17 девочка девочек/девочки.

10 Дополни слова (→ упр. 9) в правильной форме. ↗ G 7

1. Турист очень хочет посмотреть московские _____.

2. Аня любит фотографировать красивые _____.

3. В банке можно получить российские _____.

4. Жанин хочет фотографировать _____ Насти.

5. Завтра Марко будет фотографировать _____ и _____.

11 Ergänze die richtigen Endungen. ↗ G 8

Вчера мы много говорили о ребят_____.

А сегодня мы идём к ребят_____ в гости.

Завтра мы будем играть с ребят_____ в волейбол.

-ам

-ами

-ах

12 Bestimme die Formen der Substantive und schreibe den Nominativ Singular und Plural dazu.

Ⓜ с гостями (Instrumental) – гости – гость

к мальчикам (_____) _____

у девочек (_____) _____

о проводниках (_____) _____

1   Male die Kleidungsstücke mit den angegebenen Farben aus und beschrifte sie.

blau

weiß

rot    (M) синие джинсы

grün

schwarz

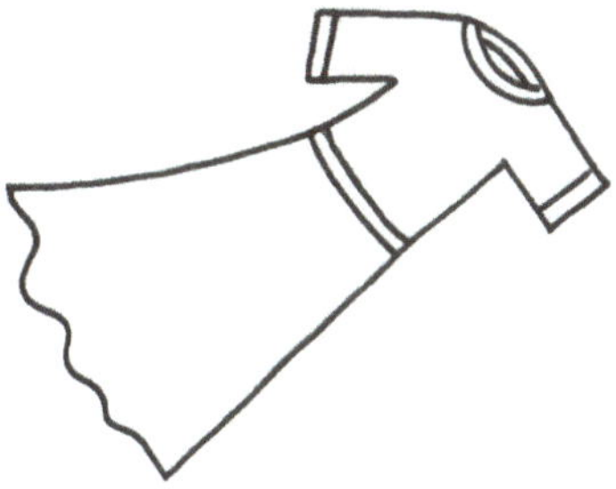

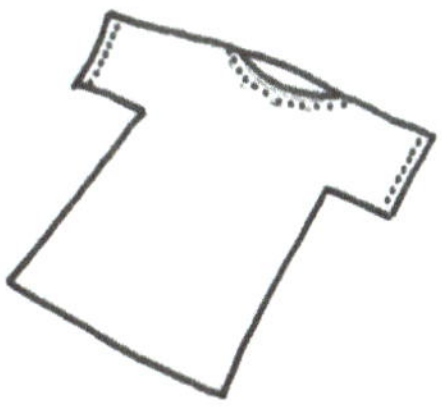

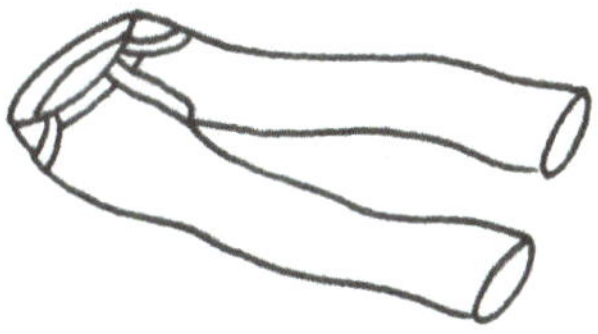

2   Дополни предложения.

Этот мальчик – брат Бориса.

(M)   Ты уже <u>о нём</u> немного знаешь.

_____ 13 лет.

_____ живёт в Калуге.

_____ есть собака.

Ребята любят играть

_____ в волейбол.

Как _____ зовут?

_____ зовут _____.

Эта девочка – подруга Светы.

_____ ты тоже уже знаешь.

_____ тоже 13 лет.

_____ тоже живёт в Калуге.

_____ есть брат Глеб.

Света любит разговаривать

_____ по телефону.

Как _____ зовут?

_____ зовут _____.

---

3   Du telefonierst mit deinem Austauschschüler / deiner Austauschschülerin aus Russland. Die Verbindung ist schlecht. Frage nach.

(M)   – Мы приедем к вам послезХХХ

– Повтори, пожалуйста! Когда вы приедете к нам?

– Мы приедем на пХХХ

– Повтори, пожалуйста! _____

– Из Москвы наш поезд отправляется утром в шХХХ

– Повтори, пожалуйста! _____

– В Берлин поезд прибывает тоже утром – в ХХХ

– Повтори, пожалуйста! _____

1 *Незнайка* hat seine Wortschatztruhen umgekippt.
Markiere, was in die Truhe *В школе* gehört.

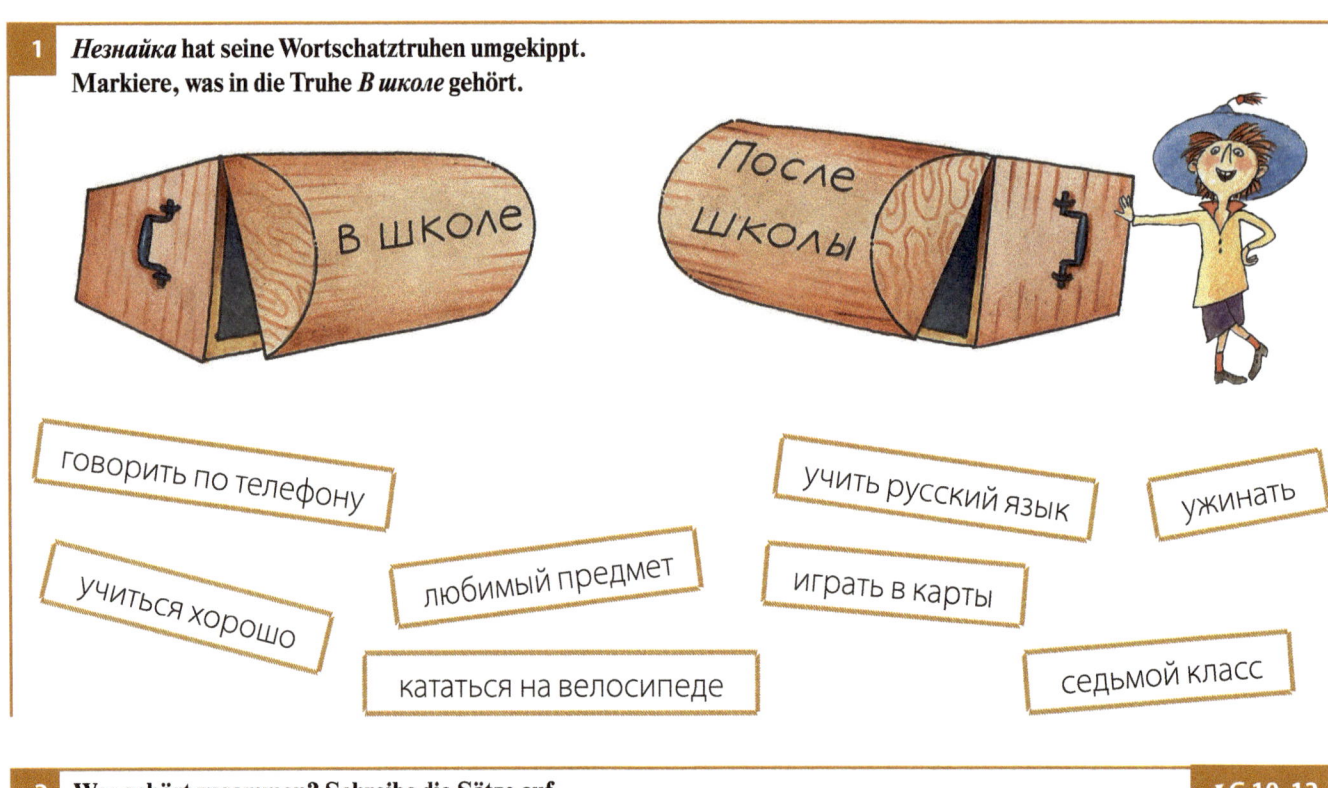

говорить по телефону

учить русский язык

ужинать

учиться хорошо

любимый предмет

играть в карты

кататься на велосипеде

седьмой класс

2 Was gehört zusammen? Schreibe die Sätze auf. ⤴ **G 10, 12**

Дима

учится

английский язык

в седьмом классе.

Мы

учим

с третьего класса.

учусь

в средней школе.

Я

Надя и Алексей

учатся

хорошо

_____

_____

_____

_____

3 Finde das schwarze Schaf. Was passt nicht in die Reihe?
Schreibe das Wort auf und begründe deine Entscheidung.

реальная школа, гимназия, предмет, лицей _____

физика, физкультура, химия, биология _____

учиться, слово, вопрос, ответ _____

писать, читать, заниматься, играть _____

4 **Höre, was Alexej sagt. Ergänze die Sätze.** 🎧

Я _____ в средней школе.

Уже со второго класса _____ английским языком.

Мой любимый _____ — _____.

---

5 **Findet die Bedeutung der polnischen Wörter heraus.** 👥 **S**
Wie seid ihr vorgegangen? Ergänzt das russische Wort.

po polsku	по-русски
szkoła	_____
liceum	_____
geografia	_____
przedmiot	_____
język niemiecki	_____

6 **Ordne die russischen Wörter aus Übung 5 nach dem Alphabet.**

_____

_____

_____

_____

_____

---

7 ***Учить* или *учиться*? Ergänze die passende Verbform und beantworte die Fragen.**

В каком классе ты _____?

Я _____

В какой школе ты _____?

Я _____

Какие языки ты _____?

Я _____

С какого класса ты _____ русский язык?

Я _____

---

8 **Findet das passende deutsche Sprichwort. Erklärt, wie ihr vorgegangen seid.** 👥 **D**
Notiert alle Formen des russischen Vornamens, die ihr kennt.

Чего[1] не знал Ванюша,

того[2] не будет знать Иван.

Deutsches Sprichwort: _____

Иван, _____

1 vgl. что   2 hier: das

9 Bilde sinnvolle Wortgruppen. Verbinde das Adjektiv mit einem passenden Substantiv. Es sind mehrere Varianten möglich. ↗ G 13

иностранные   разные

любимые → предметы   немецкие

кабинеты
предметы
российские   языки   светлые
классы
школьники
чистые   кружки   спортивные

10 Aus Koljas Text sind alle Possessivpronomen und Adjektive herausgefallen. Finde sie wieder und schreibe sie an die richtige Stelle. ↗ G 14

Меня зовут Коля. Я учусь в _____ школе. Я люблю _____ школу, потому что у нас очень _____ учителя. Ученики _____ школы участвуют в олимпиадах по _____ предметам. _____ _____ предметы – математика и физика. На _____ уроках физики всегда интересно. Я не очень люблю заниматься _____ языком. _____ друзьям тоже не нравится учить _____ языки.

мои
наших
разным
французским
моим
иностранные
любимые
средней
мою
хорошие
нашей

11 а) Wählt eine Rollenkarte aus. Übernehmt die Rolle und spielt Dialoge
б) Fülle deine eigene Karte aus.

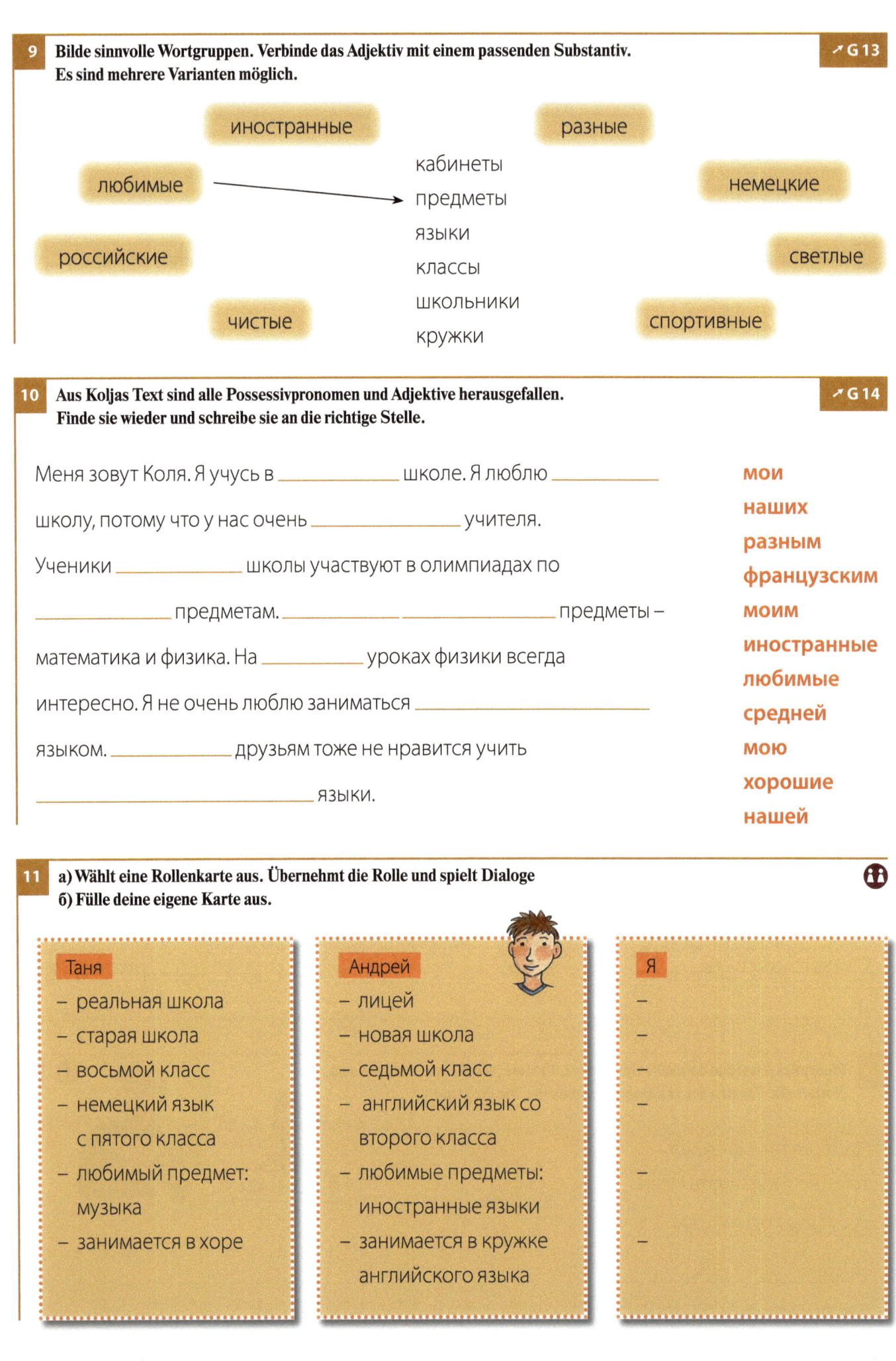

Таня
– реальная школа
– старая школа
– восьмой класс
– немецкий язык
  с пятого класса
– любимый предмет:
  музыка
– занимается в хоре

Андрей
– лицей
– новая школа
– седьмой класс
– английский язык со
  второго класса
– любимые предметы:
  иностранные языки
– занимается в кружке
  английского языка

Я
–
–
–
–
–
–

1 Welche Wochentage haben sich hier versteckt?
Schreibe sie in der richtigen Reihenfolge auf. Ergänze den fehlenden Tag.

н	а	с	ч	с	у	б	б	о	т	а
п	о	н	е	д	е	л	ь	н	и	к
я	к	р	т	п	к	с	в	а	ф	п
т	о	н	в	т	о	р	н	и	к	к
н	р	щ	е	и	т	е	у	л	е	ё
и	д	ц	р	у	т	д	о	л	й	т
ц	е	ё	г	о	г	а	к	ж	т	г
а	о	л	ь	ф	ю	л	ё	з	а	щ

_____

_____

_____

_____

_____

_____

Es fehlt: _____

2 Schau dir die Schilder an. Schreibe mit Hilfe von Übung 2 auf S. 28 im Schülerbuch auf, an welchen Wochentagen Nadja und Alexej in diesen Räumen lernen. ↗ G 20

M В этом кабинете Надя и Алексей занимаются во вторник, в среду, в четверг и в пятницу.

_____

_____

_____

_____

_____

_____

_____

3 **Напиши вопросы.**
Ergänze die Fragen, die *Незнайка* Nadja und Alexej gestellt hat.

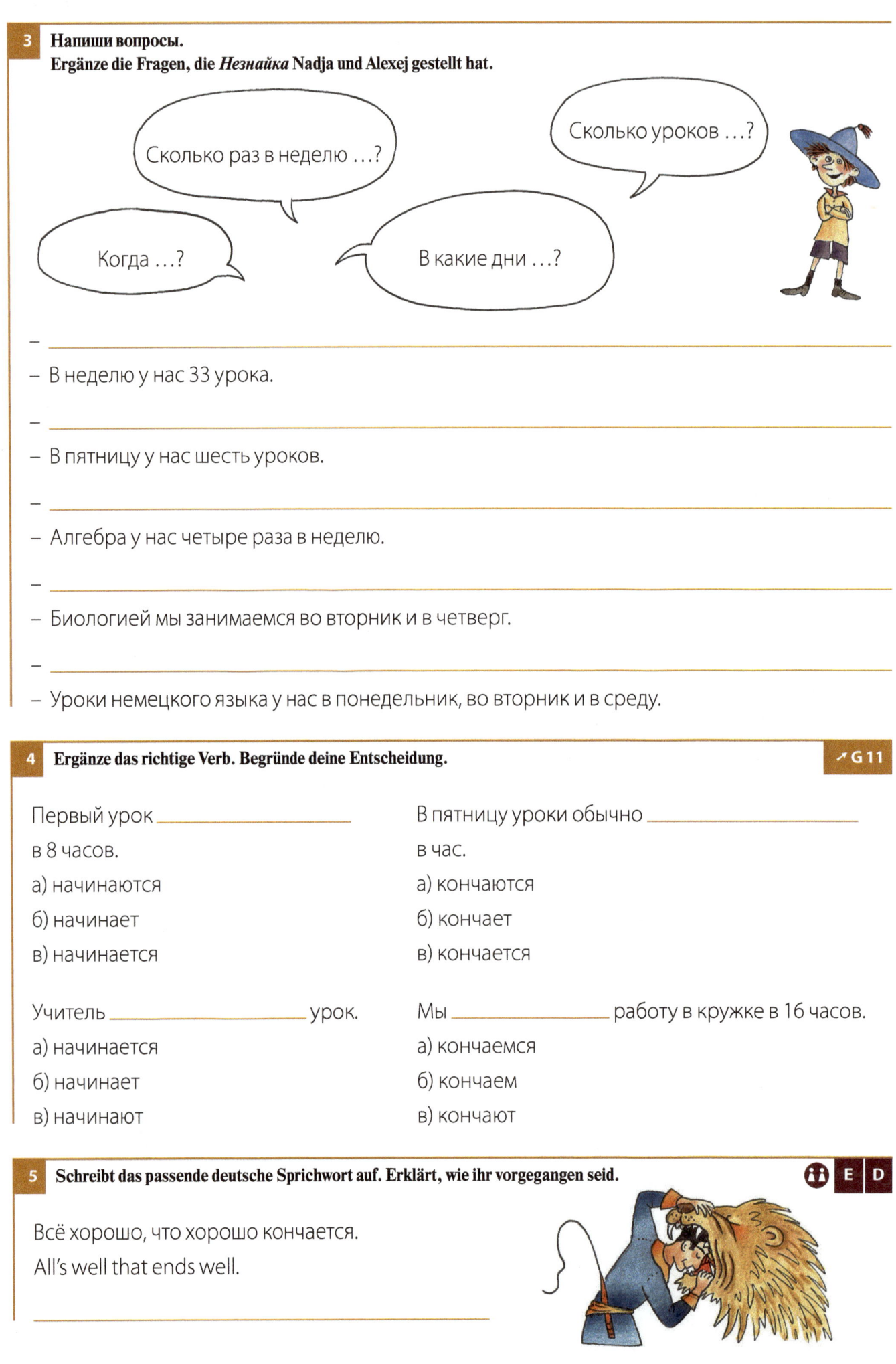

> Сколько раз в неделю …?

> Сколько уроков …?

> Когда …?

> В какие дни …?

– _____

– В неделю у нас 33 урока.

– _____

– В пятницу у нас шесть уроков.

– _____

– Алгебра у нас четыре раза в неделю.

– _____

– Биологией мы занимаемся во вторник и в четверг.

– _____

– Уроки немецкого языка у нас в понедельник, во вторник и в среду.

---

4 **Ergänze das richtige Verb. Begründe deine Entscheidung.**   ↗ **G 11**

Первый урок _____ в 8 часов.
а) начинаются
б) начинает
в) начинается

В пятницу уроки обычно _____ в час.
а) кончаются
б) кончает
в) кончается

Учитель _____ урок.
а) начинается
б) начинает
в) начинают

Мы _____ работу в кружке в 16 часов.
а) кончаемся
б) кончаем
в) кончают

---

5 **Schreibt das passende deutsche Sprichwort auf. Erklärt, wie ihr vorgegangen seid.**   👥 **E** **D**

Всё хорошо, что хорошо кончается.

All's well that ends well.

_____

6   Ordne die Wörter zu, die zu einer Wortfamilie gehören. Markiere alle Personenbezeichnungen.

↗ G 15

2 А
2 Б
2 В

школа, писатель, читать, учитель, школьный, ученица, читальный, учить, писать, школьник, писательница, ученик, письмо, школьница, читатель, учиться, письменный, учительница

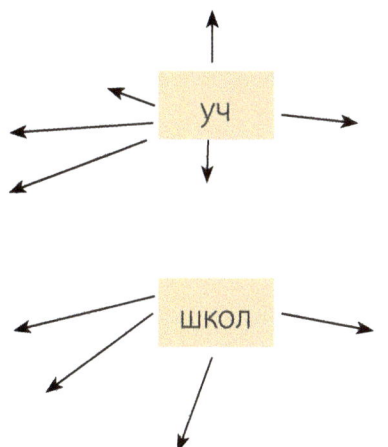

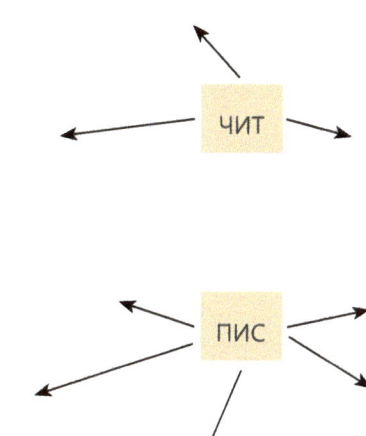

---

7   **Welche Grundzahlwörter haben sich in den Zensuren versteckt?**

единица ────────→ _____

двойка _____

тройка _____

четвёрка _____

пятёрка _____

шестёрка _____

---

8   **По какому предмету у Димы тройки и двойки?**

У Димы тройки и двойки _____

---

9   **Ответь на вопросы.**

Сколько уроков у тебя в неделю?

_____

Сколько раз в неделю вы занимаетесь русским языком?

_____

В какие дни у вас уроки русского языка?

_____

Какие отметки ты обычно получаешь по русскому языку?

_____

1 Die Buchstaben in den farbigen Kästchen bilden ein Lösungswort.

Fragepronomen

Wochentag

Unterrichtsfach

Russisch: Zeitschrift

gute Zensur in Deutschland

Raum, in dem man Unterricht hat

Lösungswort:

2 Ordne die Sätze den Bildern zu.

Зара и Таня любят петь.
Поэтому они поют в хоре.

Марк и Феликс любят играть в футбол.
Поэтому они занимаются в спортивном кружке.

Коля и Глеб любят заниматься математикой.
Поэтому они ходят в кружок математики.

Андрей, Саша, Аня и Оля любят играть в театр.
Поэтому они занимаются в театральной студии.

Зина любит рисовать.
Поэтому она ходит в изостудию.

3 Bilde aus den Wortbestandteilen Verbformen und schreibe sie auf.

| рабо | игра | чают | | ятся | | ваем |

| показы | тают | готов | суем | ть | полу | ри |

работают,

4 **Ergänze die passenden Verben. Die Lösungen der Übung 3 helfen dir dabei.**

В нашей школе _____ разные кружки.

В спортивных кружках можно _____ в футбол, в баскетбол и в волейбол.

В изостудии мы _____ портреты и ландшафты.

Мы часто _____ работы в актовом зале.

А в кружке математики ребята _____ к конкурсу «Кенгуру».

Ученики нашей школы часто _____ дипломы и призы.

5 **Прослушай предложения. Kreuze die richtige Antwort an.** 🎧

Лена хорошо …
а) фотографирует ☐   б) рисует ☐   в) танцует ☐

Поэтому она … в изостудии.
а) учится ☐   б) готовится ☐   в) занимается ☐

Вадим … спортом.
а) интересуется ☐   б) готовится ☐   в) любит ☐

Волейбольная команда часто … в городских соревнованиях.
а) фотографирует ☐   б) участвует ☐   в) занимает ☐

Команда уже … призы.
а) получала ☐   б) играла ☐   в) показывала ☐

6 **Verbinde die Adjektive und Adverbien, die zusammengehören. Ergänze für das Adverb die deutsche Bedeutung.** ↗ **G 17**

Какой?	Как?	по-немецки
хороший	просто	_____
плохой	скучно	_____
правильный	красиво	_____
интересный	хорошо	_____
красивый	правильно	_____
простой	плохо	_____
скучный	интересно	_____

7 Ergänze die englische Entsprechung. Schreibe dann die deutsche Berufsbezeichnung auf.
Vergleiche die Wörter. Was stellst du fest?

historian, manager, engineer, journalist, meteorologist

по-русски	по-английски	по-немецки
метеоро́лог	meteorologist	Meteorologe
менеджер	_____	_____
историк	_____	_____
журналист	_____	_____
инженер	_____	_____

8 Напиши, чем интересуются ребята и кем они хотят стать. **↗ G 16**

МУЗЕЙ

техника
история
погода
литература

M Лиза интересуется историей.
Она хочет стать историком.

Йонас _____

_____

Николь_____

_____

Марсель _____

_____

А чем ты интересуешься?_____

А кем ты хочешь стать?_____

9 Переведи.

In unserer Schule gibt es interessante Arbeitsgemeinschaften, z. B.

_____

verschiedene Sport-AG`s (Volleyball, Basketball, Leichtathletik),

_____

eine Mathe-AG, einen Russisch- und einen Französischzirkel.

_____

1 **Schreibe fünf Unterrichtsfächer auf.**

_____

_____

_____

_____

2 **Дополни предложения.**

1. Миша _____ в восьмом _____.

2. Он _____ хорошо.

3. Миша обычно получает хорошие _____.

4. Он _____ немецкий язык с пятого класса.

5. Миша очень любит заниматься немецким _____.

3 **Verbinde die Fragen mit den passenden Antworten.**

1. В какой кружок ты ходишь?

2. В какой день работает ваш кружок?

3. Чем вы занимаетесь?

4. А вы уже участвовали
   в конкурсе «Кенгуру»?

5. А чем ты ещё интересуешься?

а) Кружок работает во вторник.

б) Я ещё интересуюсь химией.

в) Я хожу в кружок математики.

г) Мы готовимся к олимпиаде
   по математике.

д) Да, участвовали и получили
   дипломы.

4 **Ответь на вопросы.**

В какой школе и в каком классе ты учишься?

_____

Какие предметы твои любимые?

_____

Какие отметки ты обычно получаешь по этим предметам?

_____

Чем ты занимаешься после школы?

_____

Когда у тебя день рождения?

---

1 **Löse das Rätsel. Schreibe das Lösungswort auf.**

12-й месяц года

очень тёплое время года

1-й месяц года

7-й месяц года

4-й месяц года

время года после лета

наши любимые брюки

В день рождения вы получаете …

время года после зимы

6-й месяц года

очень холодное время года

11-й месяц года

---

2 **Schreibe die Monatsnamen auf, die im Rätsel fehlen.**

---

3 **Дополни.** ↗ **G 18**

Какое время года? Когда? (В какое время года?)

M весна – весной

---

4 **Verbinde die zusammengehörenden Sätze.**

У Нины были <u>гости</u>.

У Нины <u>в гостях</u> были друзья.

Пойдёмте к Нине <u>в гости</u>!

У Нины <u>в гостях</u> была и бабушка.

– Bei Nina war auch die Oma zu Besuch.

– Lasst uns zu Nina (zu/auf Besuch) gehen.

– Nina hatte Gäste/Besuch.

– Bei Nina waren Freunde zu Gast/Besuch.

---

5 **Переведи.**

Wir hatten gestern Abend Besuch.

Mein Onkel war bei uns zu Besuch.

Lasst uns zu Boris und Ira zu Besuch gehen.

6 Прослушай, когда дни рождения у родственников Нины. Unterstreiche die richtige Antwort. 🎧 ↗ G 19

1. У тёти Тани день рождения   зимой/весной, в январе/в феврале/в марте.

2. У дяди Игоря день рождения   зимой/осенью, в сентябре/в октябре/в ноябре.

3. У Вити день рождения   летом/осенью, в июне/в июле/в августе.

7 Verbinde die Sätze mit dem passenden Kalenderblatt. ↗ G 22

1. Бабушка Катя родилась восемнадцатого января.

2. Коля родился двадцать седьмого октября.

3. Тётя Наташа родилась пятого мая.

27 ОКТЯБРЬ

5 МАЙ

18 ЯНВАРЬ

8 Beschrifte die leeren Kalenderblätter so, dass sie zu den Sätzen passen.

Дядя Олег родился тридцать первого августа.

Папа родился девятого июля.

9 Schreibe auf, wann du Geburtstag hast (in welcher Jahreszeit, in welchem Monat) und gestalte ein Kalenderblatt.

M Я родилась (родился) весной, в апреле.

Я родилась (родился) 24 апреля.

10 Какое сегодня число? ↗ G 21

Сегодня _____ две тысячи _____ года.

Какое число было вчера?

Вчера было _____ две тысячи _____ года.

Какое число будет завтра?

Завтра будет _____ две тысячи _____ года.

11 **Ответь на вопросы.**

Кто что кому подарил?

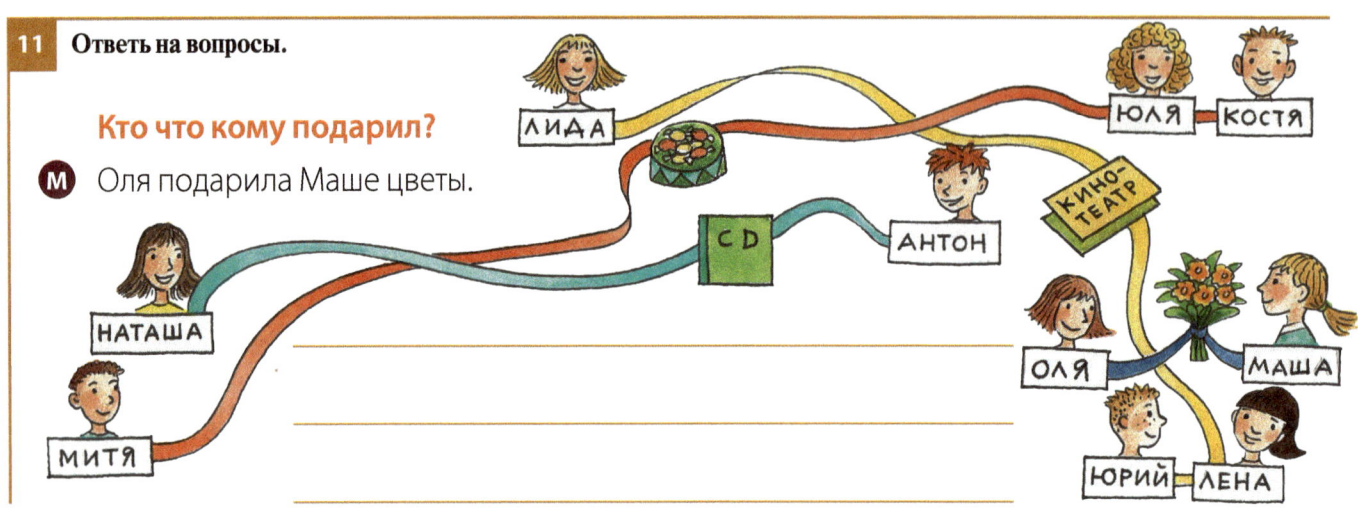

М Оля подарила Маше цветы.

_____

_____

_____

12 **Заполни анкеты.**

Моя анкета

Фамилия: _____

Имя: _____

Отчество: _____

Возраст: _____

День рождения: _____

Место рождения: _____

Почтовый адрес: _____

_____

_____

E-mail: _____

Школа: _____

Класс: _____

Родители – Мама: _____

_____

Папа: _____

_____

Братья и сёстры: _____

_____

Анкета моего друга (моей подруги)

_____

_____

_____

_____

_____

_____

_____

_____

_____

_____

_____

_____

_____

_____

_____

_____

_____

_____

_____

_____

1 **Какие это праздники? Дополни.**

		Мы празднуем	что	когда?
M	Рождество	Мы празднуем	Рождество	25 декабря.
	Н _ _ _ _ _ _ _ _	Мы _____		
	П _ _ _ _	Мы _____		в марте или _____.
	Т _ _ _ _ _ _	Мы _____		в мае или _____.

2 **Ergänze Wörter, die den gleichen Wortstamm haben.**

M праздник ⟶ праздничный

_____ ⟶ рождественский   приглашать ⟶ _____

_____ ⟶ новогодний   ⟶ разрешение

_____ ⟶ соседний   встречать ⟶ _____

3 **Streiche die falschen Formen der Possessivpronomen durch.**   ↗ DT 4   ↗ G 14

Сколько лет твоему/твоего/твоим другу?

Как зовут твоя/твоей/твою подругу?

Где мы будем праздновать Новый год: в вашей/вашу или в нашей/нашу квартире?

Денис: Макс любит играть в шахматы с моей/моим/моего дедушкой.

Дедушка много рассказывает о моего/моим/моём папе.

4 **Дополни тексты приглашений.**

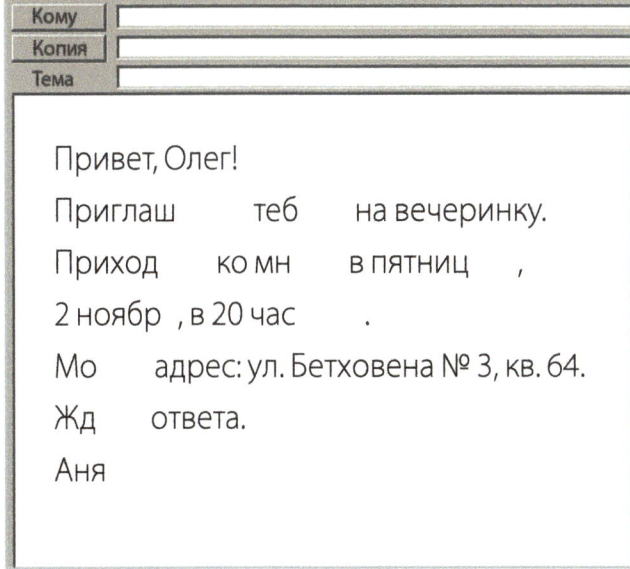

Кому
Копия
Тема

Привет, Олег!
Приглаш   теб   на вечеринку.
Приход   ко мн   в пятниц   ,
2 ноябр , в 20 час   .
Мо   адрес: ул. Бетховена № 3, кв. 64.
Жд   ответа.
Аня

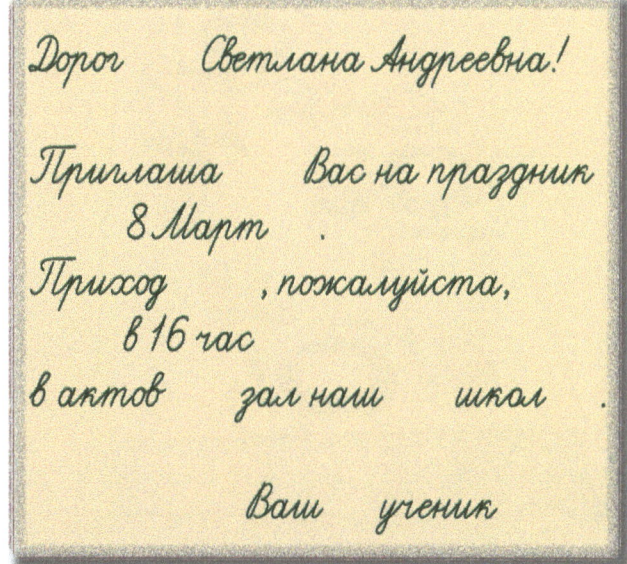

Дорог   Светлана Андреевна!

Приглаша   Вас на праздник
    8 Март   .
Приход   , пожалуйста,
    в 16 час
в актов   зал наш   школ   .

    Ваш   ученик

5 Bring die Schnipsel von Antons Einladung in die richtige Reihenfolge.

Маша! Давай «Космосе» «Хоббит»

В в Привет, у кинотеатра.

в 16 часов кино! уже фильм

Билеты пойдём

есть. Антон новый

Встретимся у меня идёт

Привет, _____

_____

В _____

_____

Б _____

_____

Антон _____

6 Auf Maschas Antwortzettel sind alle Großbuchstaben, Leer- und Satzzeichen verloren gegangen. Markiere die einzelnen Wörter und schreibe die Antwort richtig auf.

приветантонбольшоеспасибозаприглашение
обязательнопридудовстречитвоямаша

_____

_____

_____

_____

_____

7 Schreibe die russischen Bezeichnungen für das Geschirr, Besteck usw. auf. Ergänze die Pluralform.

Singular	Plural
1. _____	_____
2. _____	_____
3. _____	_____
4. _____	_____
5. _____	_____
6. _____	_____
7. ваза	_____
8. салфетка	_____

8 **Прослушай диалоги. Kreuze die richtigen Antworten an.**

1. На какой праздник
Таня приглашает Иру?

☐ на день рождения
☐ на Новый год
☐ на Масленицу

2. Когда начинается
вечеринка у Олега?

☐ в субботу, в 7 ч.
☐ в субботу, в 8 ч.
☐ в воскресенье, в 8 ч.

3. Что говорит Катя?

☐ Обязательно приду.
☐ К сожалению, не могу прийти.
☐ Конечно, приду.

9 *Согласен, согласна, согласно* или *согласны*? **Füge die passende Form ein.**
Höre dann den Dialog und überprüfe deine Lösungen.

Оля: Ребята, что мы подарим Алёше на день рождения?

Ира: Алёша очень любит читать. Давайте подарим ему хорошую книгу.
Вы _____?

Оля: Я _____, а ты, Юра, _____?

Юра: Я тоже _____, что книга – это хороший подарок.

10 **Ordne die Äußerungen den einzelnen Personen zu.**

(А) – Мама, познакомься, пожалуйста, это мои
подруги: Лара и Вика.

(Б) – Мне очень приятно познакомиться с вами.

(В) – Алексей Петрович, нам тоже очень приятно
с вами познакомиться.

(Г) – Алексей Петрович, я хочу познакомить вас
с моими родителями.

(Д) – Очень приятно! Лара рассказывала мне о вас.

11 **Напиши по-русски.**

Bitte deinen Freund (deine Freundin), dich morgen zu besuchen.

_____

Nimm eine Einladung dankend an.

_____

Lehne eine Einladung mit Bedauern ab.

_____

Stelle deinem russischen Freund (deiner russischen Freundin) deine Eltern vor.

_____

С праздником!

1 Verbinde die Wörter und bilde Sätze. Напиши предложения.

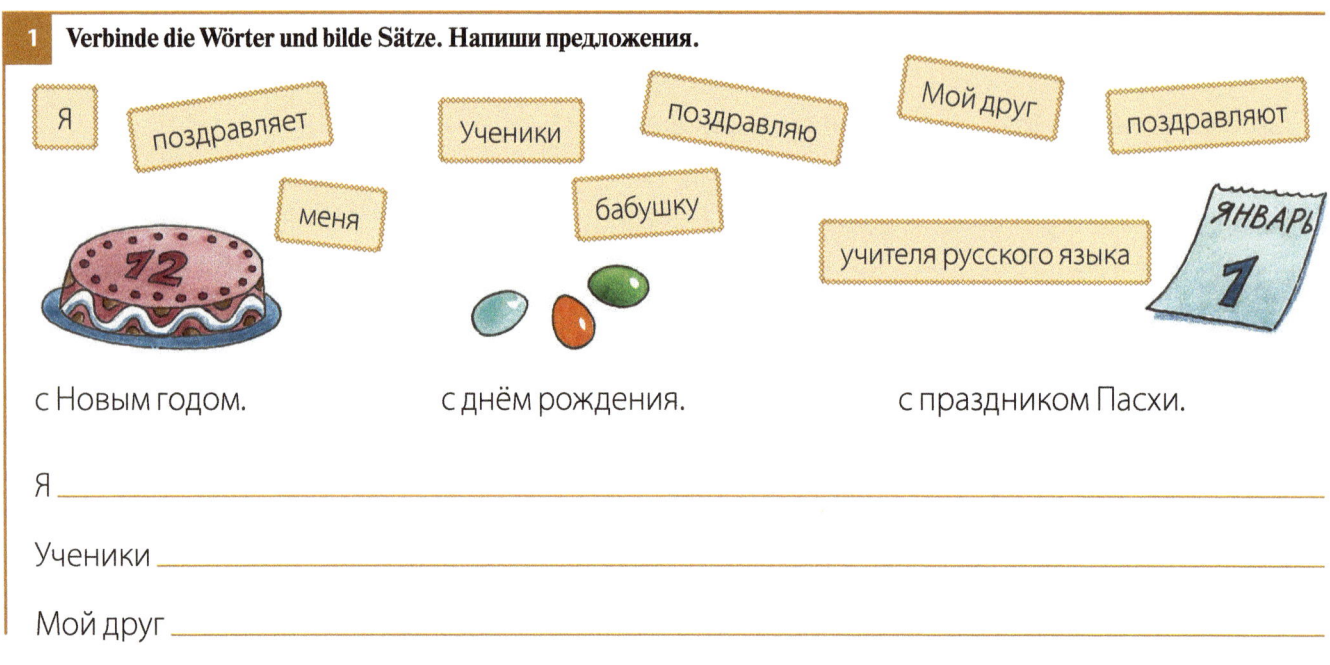

Я   поздравляет   Ученики   поздравляю   Мой друг   поздравляют

меня   бабушку   учителя русского языка

с Новым годом.   с днём рождения.   с праздником Пасхи.

Я _____

Ученики _____

Мой друг _____

2 Кого с чем поздравляют здесь? Unterstreiche die richtigen Wörter.

Папа поздравляет	маме		праздника	
	мама	с	праздником	8 Марта.
	маму		праздника	

Я поздравляю	Игорь		Рождеством	
	Игоря	с	Рождества.	
	Игорю		Рождеству.	

Учитель поздравляет	Оля		пятёрка	
	Оли	с	пятёркой	по биологии.
	Олю		пятёрку	

Друзья поздравляют	Диму		успехов	
	Димой	с	успехам	по физике.
	Диме		успехами	

3 Напиши, кого ты поздравляешь с Новым годом.

M   Я поздравляю Катю и Максима с Новым годом.

_____

_____

4 Чего желают ребята друзьям?

Мы желаем вам большого _____ (чассьят).

Я желаю друзьям _____ (дориаст).

Я желаю всем крепкого _____ (вьяоздро).

А я желаю всем детям получить много _____ (шдаколоа).

---

5 Прослушай разговор по телефону. Kreuze die richtigen Antworten an. 🎧

Митя говорит по телефону	☐ с дядей	☐ с учителем	☐ с дедушкой.
Он поздравляет Митю	☐ с Рождеством	☐ с днём рождения	☐ с Новым годом.
На дне рождения у Мити	☐ учителя	☐ одноклассники	☐ родственники.
Папа Мити сейчас	☐ в Англии	☐ дома	☐ в Италии.
Папа желает Мите	☐ любви	☐ счастья	☐ всего хорошего.

---

6 Schreibe einen kleinen Text zum Thema *День рождения Нины*. Verbinde dazu die passenden Satzglieder.

1. Нина	поздравили	у Нины	счастья, любви и удачи.
2. Лара	подарила	сестре	в гостях.
3. Бабушка и дедушка	пожелал	Лару и Степана	билет в кино.
4. Они	пригласила	Нине	с днём рождения.
5. Витя	тоже были	Нину	на день рождения.

Нина пригласила _____

_____

_____

_____

---

7 Дополни имена.

Юрочка	Юлечка	Боренька	Олечка
Ⓜ Юра – Юрий	_____ – Юлия	Боря – _____	_____ – Ольга

8 Findet heraus, aus welchem Anlass ein polnischer Schüler hier seiner Freundin gratuliert und was er ihr wünscht. Eure Russischkenntnisse helfen euch dabei. Die Buchstaben der richtigen Antworten ergeben das Lösungswort.

Droga Agnieszko!
Wszystkiego najlepszego
z okazji urodzin!
Życzę Ci
dużo zdrowia,
szczęścia,
i radości!
Andrzej

Андрей поздравляет подругу

1) с Новым годом (И)　　　2) с днём рождения (У)

Он желает ей

3) красоты (М)　　4) здоровья (П)　　5) любви (Т)
6) успехов (А)　　7) счастья (Е)　　8) радости (Р)

Lösungswort: C _____

9 Schreibe eine Glückwunschkarte zu einem Feiertag deiner Wahl.

С Новым годом!

От кого _____
Откуда _____
Индекс места отправления
Место для письменного сообщения

В
РОССИЯ ROSSIJA 1999

Кому _____
Куда _____

Индекс места назначения

ПОЧТА РОССИИ

1 Дополни в интервью. Напиши вопросы.

Вопросы русской журналистки	Ответы Луизы
_____	Меня зовут Луиза.
_____	Моя фамилия Бёрнер.
_____	Мне 13 лет.
_____	Я родилась 28 мая 1996 года в Лейпциге.
_____	В Хемнице, на улице Гагарина, дом № 5.
_____	В гимназии им. Иммануила Канта.
_____	В 7^б классе.

2 Посмотри на картинку и ответь на вопросы.

1. Кого пригласил Митя на день рождения?

_____

2. Когда у Мити день рождения? Сколько ему лет?

_____

3. Кто поздравляет Митю?

_____

4. Что гости подарили ему?

_____

_____

5. Как ты думаешь, чего гости пожелали Мите?

_____

Чем ты занимаешься в свободное время?

1 Кто что собирает? Составь предложения.

я
дедушка
учитель
Степан и Коля
мы
друзья

| собирать

М Дедушка собирает монеты.

_____

_____

_____

А что ты собираешь? _____

2 Markiere die hier versteckten 10 Sportarten.

a) Schreibe sie in alphabetischer Reihenfolge daneben.

я	и	г	у	л	б	о	г	б	а	т	е	б
у	н	и	с	е	е	р	о	в	е	п	п	г
в	г	м	ч	и	й	в	л	д	в	л	н	а
а	д	н	в	ж	с	о	ь	т	а	а	п	н
п	р	а	з	н	б	и	ф	е	л	в	м	д
о	л	с	е	п	о	р	п	з	а	а	ю	б
ф	у	т	б	о	л	а	г	а	н	н	л	о
е	ю	и	д	в	ж	е	я	э	и	и	ч	л
р	з	к	ц	и	я	д	ю	р	ч	е	и	н
а	б	а	д	м	и	н	т	о	н	у	ж	р
п	р	е	ж	а	э	е	з	б	о	х	и	е
в	и	а	э	п	с	т	р	и	т	б	о	л
э	ё	ю	в	е	з	ю	ё	к	ж	э	к	х
х	о	к	к	е	й	п	з	а	х	я	б	в

б) Welche der aufgeführten Sportarten magst du?

_____

3 Где можно заниматься спортом? Ordne die Sportarten der Übung 2 den Ortsangaben zu.

на стадионе: _____

в спортзале: _____

в парке: _____

в бассейне: _____

на улице: _____

4 Как правильно? Kreuze die richtige Form an.

Мы интересуемся
- [ ] велоспорт.
- [ ] велоспорту.
- [ ] велоспортом.

Твои друзья любят
- [ ] гимнастика.
- [ ] гимнастику.
- [ ] гимнастике.

Он занимается
- [ ] баскетбол.
- [ ] баскетболом.
- [ ] баскетболу.

Мой любимый вид спорта –
- [ ] фигурного катания.
- [ ] фигурное катание.
- [ ] фигурным катанием.

Папа любит смотреть
- [ ] футболу.
- [ ] футбол.
- [ ] футболом.

Сегодня соревнования по
- [ ] лёгкая атлетика.
- [ ] лёгкой атлетики.
- [ ] лёгкой атлетике.

5 Дополни предложения.

друзьями   экскурсию   магазинам   караоке

Антон завтра идёт на _____. Саша очень любит петь под _____.

Они часто встречаются с _____. Вчера Аня ходила по _____.

6 Что Виктор умеет делать, а что он не умеет делать? ↗ G 25

_____

_____

_____

7 Прослушай текст и отметь, что правильно, а что неправильно. 🎧

1. Рок-концерт будет ☐ завтра вечером. ☐ сегодня вечером.
2. Рок-концерт будет ☐ в клубе. ☐ на стадионе.
3. Юля пойдёт на концерт? ☐ Да. ☐ Нет.
4. Юля и Ира хотят пойти на концерт ☐ с Антоном. ☐ с Борисом и с Андреем.
5. Они встретятся ☐ в 8 часов. ☐ в 6 часов.
6. Они встретятся ☐ у клуба. ☐ дома.

8 Дополни предложения. Setze die passenden Formen von мочь ein. ↗ G 25

– Ты _____ пойти со мной в кино?

– Да, _____. Жду тебя в 19 часов у кинотеатра.

– Илья _____ помочь тебе сделать уроки после обеда?

– Нет, не _____. После обеда он занимается в театральной студии.

– Лена и Борис _____ погулять с собакой днём?

– Нет, не _____. У них соревнования по баскетболу.

9 Составь диалог. Nummeriere den Dialog in der richtigen Reihenfolge.

– Да, с удовольствием, пойду! Только не сегодня. Ребята, давайте пойдём завтра! ☐

– Хорошо! До завтра, Юля! ☐

– Договорились! Встретимся в 6 часов у клуба? ☐

– Сегодня и завтра вечером в клубе «Весна» будет рок-концерт. Юля, ты пойдёшь с нами? 1

– Ладно, пойдём завтра! ☐

10 Reagiere auf die Vorschläge ablehnend und gib einen Grund für deine Ablehnung an.

Давай встретимся сегодня вечером на дискотеке!

_____

Завтра мы можем походить по магазинам.

_____

1 Дополни предложения.

Мне нравятся (хип-хоп и рэп) _____

Я люблю (классическая музыка) _____

Мне ближе (поп-музыка и джаз) _____

Я интересуюсь (классика, рок-музыка) _____

2 Какая музыка тебе (не) нравится? Wähle eine vergleichende Darstellung.

M Мне нравится хип-хоп, а шлягер мне не нравится.

_____

_____

3 Прослушай текст. Какую музыку Света любит, а какую она не любит? Kreuze an.

	☺ люблю	☹ не люблю
хард-рок		
хеви-метал		
классика		
джаз		

4 Прослушай текст ещё раз и отметь, что правильно, а что неправильно.

	+	−
Руслан Петров – журналист.		
Света играет на электрогитаре в школьной рок-группе.		
Она поёт в рок-группе.		
Свете нравится хип-хоп.		
Света любит музыку Бетховена и Моцарта.		

5 Ordne dem jeweiligen Oberbegriff weitere Beispiele zu.

современная музыка: рок- и поп-музыка, _____

артисты: гитарист, _____

музыкальные инструменты: гитара, _____

6 Как по-русски?
Vergleiche deine Lösung mit einem Nachbarn und erkläre, wie du vorgegangen bist.

по-чешски	по-польски	по-русски
sympatický	sympatyczny	
skromný	skromny	
veselý	wesoły	
talantovaný	utalantowany	

---

7 Дополни предложения.

Он _____ (симпатичный парень).

Игорь любит _____ (красивая и весёлая девушка).

В среду у Маркуса интервью с _____ (известный певец).

Он _____ (общительный человек).

Он часто встречается со _____ (школьные друзья).

---

8 Спроси по-русски.

Frage nach

– dem vollständigen Namen des Idols
deines Freundes (deiner Freundin)   _____

– wer er/sie (beruflich) ist   _____

– der Herkunft   _____

– dem Geburtsort   _____

– den Interessen und Hobbys   _____

– den Instrumenten, die er/sie spielt   _____

– dem Charakter   _____

---

9 Ответь на вопросы. **Wie würdest du die Fragen aus Übung 8 beantworten, wenn man sie dir stellen würde?**

_____

_____

---

10 Finde heraus, welche Charaktereigenschaften der roten Farbe zugeschrieben werden. Markiere die Eigenschaften.

По цвету одежды[1] можно узнать о характере человека. Например,

открытый, общительный и эмоциональный человек любит красный цвет в одежде.

Он всегда хочет быть в центре внимания[2].

1 Kleidung   2 Aufmerksamkeit

M делать уроки/ звонить подруге

Ира сначала сделает уроки, а потом (после этого) она позвонит подруге.

играть – писать

Вова сначала _____

_____ в футбол,

а вечером он _____

письмо.

звонить – гулять

Катя сначала _____

бабушке, а потом она

_____

по городу.

учить – смотреть

Тим сначала _____

уроки, а после этого

он _____

телевизор.

---

12 Forme die Sätze so um, dass man ihnen eine Abfolge der Handlungen entnehmen kann.

M В воскресенье Зина будет завтракать, учить уроки, гулять по парку.

В воскресенье Зина сначала позавтракает, после этого она выучит уроки, а потом погуляет по парку.

Сегодня вечером Мартина будет делать уроки, ужинать, слушать музыку.

_____

_____

Завтра Дима будет звонить подруге, обедать с родителями в ресторане, слушать концерт классической музыки.

Завтра Дима _____

_____

После школы Нико будет смотреть фильм, гулять с собакой, играть на ударных инструментах.

После школы Нико _____

_____

А что ты будешь делать после школы?

_____

_____

Как провести свободное время?

1 **Потренируем память. Markiere die richtige Wortgruppe.**
Hinweis: Nutze Übung 1 im Schülerbuch S. 64 nur (!) für die Kontrolle.

В понедельник Сергей поёт в хоре/играет на гитаре/ убирает комнату.

Он учится играть на гитаре вместе с подругой/ с братом/с другом.

В среду ему надо готовиться к конкурсу по математике/купить билеты на

рок-концерт/выучить стихотворение. В пятницу Сергею надо помочь папе

на даче/поехать с папой в супермаркет/играть в волейбол.

В воскресенье семья поедет к бабушке/поедет к дедушке/он поедет к подруге.

2 **Что ему (ей) надо делать? Was muss jeder tun? Wähle die entsprechenden Formen aus und bilde Sätze.** **↗ G 29**
Verwende *надо купить, надо поговорить, надо делать, надо убирать, надо позвонить*.

M Максиму надо учить
новые слова.

Ирине _____

_____ комнату.

Учительнице _____

_____

с родителями Антона.

Вечером Мите _____

_____ уроки.

Папе _____

_____ в банк.

Саше _____

_____ подарок бабушке.

3 **Что тебе надо делать на этой неделе? Напиши план. Tauscht euch anschließend über eure Pflichten aus.**

M понедельник: В понедельник мне надо помогать сестре.

_____

_____

_____

_____

_____

4 Что у вас в школе можно, а что нельзя?

Bilde Sätze und nutze das passende Modalverb. Ergänze ein selbst gewähltes Beispiel.

на уроке, во время уроков, на большой перемене, после уроков, на уроках физкультуры …

?

играть в баскетбол, пообедать, звонить по мобильнику, заниматься в разных кружках, жевать жвачку …

Ⓜ У нас во время уроков нельзя звонить по мобильнику.

_____

_____

_____

_____

5 Что нельзя делать? Schreibe auf, was man nicht tun darf.

| 1 | 2 | 3 | 4 | 5 |

Ⓜ 1. В ресторане нельзя курить[1].

2. Здесь _____

3. В универмаге _____

4. В магазине _____

5. В музее _____

1 rauchen

6 Lies zunächst den Lückentext. Höre dann den Dialog und ergänze die fehlenden Informationen. 🎧

Сергей хочет купить _____ на концерт рок-группы «Орион».

Он купил _____ билеты.

Сергей пойдёт на концерт _____.

Концерт начинается _____.

Три билета стоят 600 _____.

7 Что это? Verbinde die Buchstaben so, dass Wörter entstehen, die Körperteile bezeichnen.
Schreibe deine Lösung jeweils darunter.

С	Л А	И	Л О	И
П	Г	Г	О	В Р К
И Н	З А	Н	Г А	У
А		О		

Г	Т И	Л	Е	Ш
О Л	Ж	И Ц	Л Ц	И
О Р	О В	О	А	У
			П	

8 Что у кролика болит? Schreibe auf, welche Beschwerden die einzelnen Tiere haben.

M У кролика болит ухо (болят уши).

_____

_____

_____

_____

_____

9 Переведи на русский язык.

Wie geht es dir? _____

Ich fühle mich gar nicht gut. Ich habe fürchterliche Kopfschmerzen.

_____

1 **Markiere das passende Verb, sodass die Sätze einen Sinn ergeben.**

Таня любит/собирает/сидит велоспорт. Зара и Олег часто убирают/встречаются/умеют с друзьями. Лара ходит/катается/тренируется по магазинам. Антон гуляет/танцует/занимается плаванием. Мы путешествуем/ждём/умеем петь под караоке.

2 **Ответь на вопросы.**

1. Чем ты занимаешься в свободное время?

_____

2. Ты интересуешься фигурным катанием?

_____

3. Ты умеешь петь под караоке?

_____

4. С кем ты встречаешься в свободное время?

_____

3 **Дополни предложения.**

Это мой друг Константин. Он очень _____ (sympathisch) парень. У него _____ (schön) глаза. Его родители – _____ (bekannt) артисты. У Константина есть сестра. Она _____ (mitteilsam) и _____ (fröhlich) девушка. Константин _____ (sportlich) человек.

4 **Скажи по-русски.**

Sage, dass

– man im Unterricht nicht mit dem Handy telefonieren und Kaugummi kauen darf.

_____

– man am Abend in der Turnhalle Basketball spielen kann.

_____

– du zuerst die Hausaufgaben machen und anschließend mit der Oma telefonieren wirst.

_____

Как провести каникулы?

1 Kennst du dich mit Autokennzeichen aus? Für welche Länder stehen sie? Ordne zu. Ergänze die Hauptstädte. Markiere dann die Länder, die dich interessieren und die du gern einmal besuchen möchtest.

	страна		столица	
Герма́ния	Германия	D	Берлин	Москва́
Че́хия		IRL		Берли́н
Ита́лия		I		Пра́га
Шве́ция		PL		Ду́блин
Росси́я		RUS		Та́ллин(н)
Фра́нция		F		Варша́ва
Ирла́ндия		HR		За́греб
Эсто́ния		CZ		Стокго́льм
Хорва́тия		S		Рим
По́льша		EST		Пари́ж

2 Напиши, в каких городах ты хочешь побывать.

Я хочу побывать в Москве!

А я очень хочу побывать в Берлине и в Париже!

3 Lies die Begrüßungen auf Polnisch, Tschechisch und Kroatisch. Wie heißen sie auf Russisch?

Dzień dobry!

Dobré jitro!   Dobrý den!

Dobro jutro!   Dobar dan!

Deine Russischkenntnisse helfen dir auch, wenn du Begrüßungen in anderen slawischen Sprachen hörst oder liest.

4 **a) Was hast du über die Personen in deinem Schülerbuch (S. 72) erfahren? Was gehört zusammen? Verbinde.**

Кто где живёт?

Линда	Санкт-Петербург
тётя Маши	Ганновер
Антон и Олег	Москва

Кто куда поедет?

Маша	Москва
Линда	Иркутск
Олег	Санкт-Петербург

б) Составь предложения.

(М) Тётя Маши живёт в Санкт-Петербурге.

_____

_____

(М) Маша поедет в Санкт-Петербург.

_____

_____

5 **Nutze das russische Alphabet, um Olegs Frage zu entschlüsseln. Beantworte sie dann.**

Я поеду в Сибирь. Здорово!

1		4	5	6		20	29		23	16	25	6	26	30

17	18	16	3	6	19	20	10		12	1	15	10	12	21	13	29
																?

_____

6 **Markiere die Verbformen, die nicht zum Infinitiv passen. Ergänze die richtigen Formen.**

лететь

я лечу, ты летаешь, он летит, мы летим, вы летаете, они летят

_____

ехать

я еду, ты едешь, она ездит, мы едем, вы едете, они ездят

_____

идти или ходить?

– Женя, куда ты _____?

– В бассейн.

– Ты часто _____ в бассейн?

– Нет, не часто. Сегодня я _____

в первый раз.

– Какой ты неспортивный, Женя!

ехать или ездить?

– Ты всегда _____ в школу на

велосипеде?

– Нет. Я только сегодня _____ на велосипеде.

Обычно я _____ с папой на машине.

– Какой ты неспортивный!

---

8 Markiere die passende Verbform.

Самолёты из Берлина в Москву (летят/летают) каждый день.

От Берлина до Москвы самолёт (летит/летает) 3 часа.

---

9 Lies die russischen und englischen Begriffe. Schreibe die deutschen Bezeichnungen auf.   **E** | **D**

В аэропорту

ПРИБЫТИЕ
ПАСПОРТНЫЙ КОНТРОЛЬ
ВЫДАЧА БАГАЖА
ТАМОЖНЯ
ТУАЛЕТ

ВЫХОД
7
GATE

ARRIVAL
PASSPORT CONTROL
BAGGAGE RECLAIM
CUSTOMS
TOILET

ИНФОРМАЦИЯ О ПОЛЕТАХ
FLIGHT INFORMATION
КАССЫ ПРОДАЖИ БИЛЕТОВ
TICKET OFFICES
ОБМЕН ВАЛЮТЫ
CURRENCY EXCHANGE
ТУАЛЕТЫ / WC
БАНКОМАТЫ / ATM

_____
_____
_____
_____
_____
_____
_____
_____

1 Дополни слова на тему *погода*.

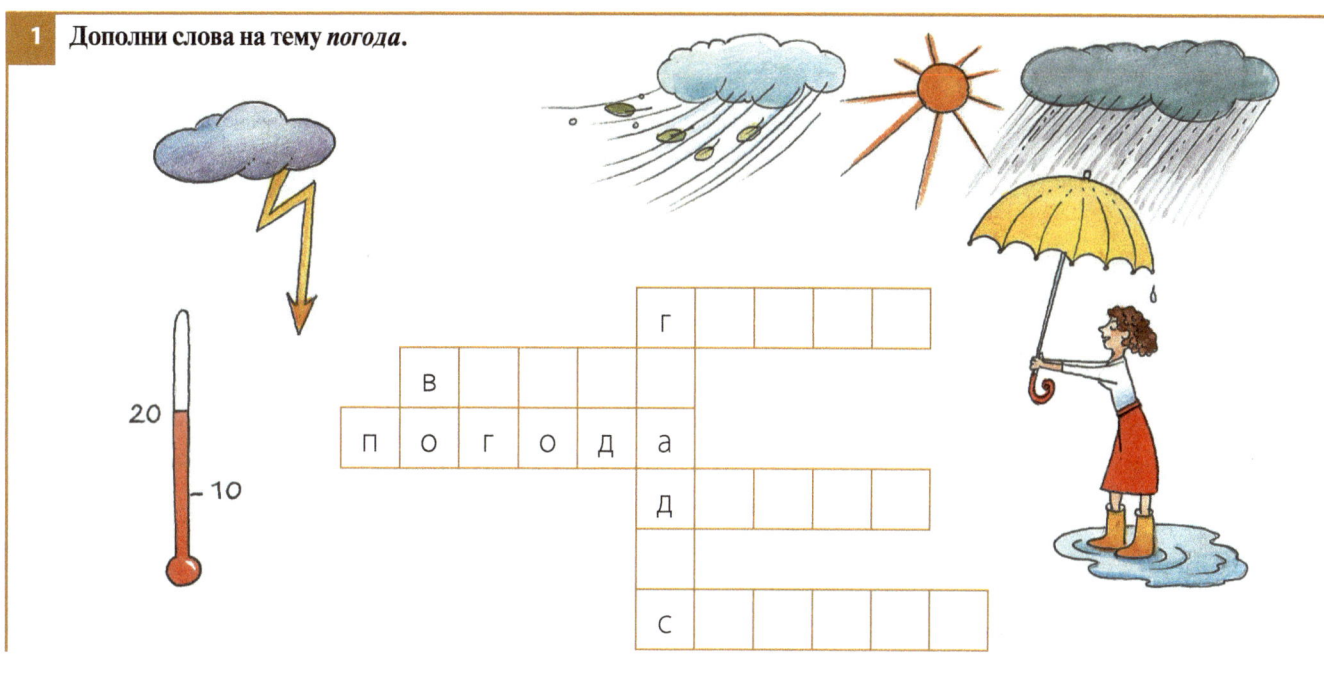

2 Сформулируй предложения о погоде.

Светит _____ . _____ дождь. Дует _____ .

3 Напиши антонимы и переведи их.

M хорошая погода   плохая погода _____   gutes und schlechtes Wetter _____

сильный ветер   _____   _____

жарко   _____   _____

солнце   _____   _____

4 Напиши, какая температура в городах России. Это холодно, тепло или жарко?

21°C **M** В Иркутске температура 21 градус. Сегодня там тепло.

10°C В Мурманске _____

33°C В Волгограде _____

5 Посмотри на картинки и послушай, какая погода в Саратове, в Хабаровске и в Вологде.
В каких городах живут Даша, Таня, Миша и Кирилл?

M Кирилл живёт в Хабаровске.

Даша и Таня _____

_____

Миша _____

---

6 Markiere das passende Wort. ⬈ G 30, 31

Кирилл: Бабушка, (можно/нужно) пойти на стадион поиграть в футбол?

Бабушка: Кирилл, в такую плохую погоду (можно/нужно) сидеть дома.

Кирилл: Но папа говорит, что спорт – это здоровье, и спортом (можно/нужно)

заниматься всегда: в хорошую и в плохую погоду.

Бабушка: Дорогой мой! Дома тоже (можно/нужно) заниматься спортом, например,

играть в шахматы.

Кирилл: Конечно. Но мой компьютер уже устал играть со мной в шахматы.

А я устал сидеть дома. У меня каникулы. И их (можно/нужно) проводить

интересно.

---

7 Ordne die Wörter zu einem Satz und du erfährst, was Kirills Oma denkt.

друзей – в гости – будет – пригласить – Кирилла – надо

_____

_____

Лена, какая погода будет завтра?

Я не знаю. Нам нужно будет посмотреть на сайте *pogoda.ru*.

1. Лена, ты знаешь код Германии?

2. Ты, конечно, знаешь электронный адрес Марины.

3. Лена, а твои родители уже ездили по *Золотому кольцу*?

– Нет, Лиза. (Ты) _____ надо будет узнать его в Интернете.

– Нет, к сожалению, не знаю. (Я) _____ нужно будет позвонить Антону. Он знает.

– Нет, не ездили. (Они) _____ надо будет обязательно здесь побывать.

---

9 **Finde die passenden Aspektpartner und trage sie in die Tabelle ein.**

v.	**uv.**	
(M) написать	писать	письмо, e-mail
_____	_____	книгу, e-mail
_____	_____	уроки, ремонт в квартире
_____	_____	новые слова, текст песни
_____	_____	другу, подруге по телефону

---

10 **Setze die richtigen Aspektformen ein. Nutze Übung 9.** ↗ G 28

(M) На каникулах Кирилл часто <u>читал</u>. Он <u>прочитал</u> пять интересных книг.

1. Вчера Марина долго _____ e-mail. Она _____ шесть писем.

2. Родители Антона долго _____ ремонт в квартире. И вот результат: они _____ очень хороший ремонт.

3. Лиза _____ так много русских слов, потому что она _____ слова каждый день.

4. Из автобусного тура Лена часто _____ домой. Сегодня утром она _____ и сказала, что Лизе и ей очень нравится *Золотое кольцо*.

Путешествие по России

1 **a) Markiere die geographischen Begriffe, die nicht in die Reihen passen.**

Европа, Азия, Россия, Америка, Африка, Австралия, Антарктида

Сибирь, Европейская часть, Нижний Новгород, Северный Кавказ

Чёрное море, Байкал, Азовское море, Балтийское море

Енисей, Волга, Амур, Обь, Иртыш, Нева, Кавказ, Лена, Москва-река

Байкал, Ладожское озеро, Онежское озеро, Азовское море

Санкт-Петербург, Владивосток, Новосибирск, Дальний Восток, Волгоград

б) Ordne die markierten geographischen Namen aus a) den Begriffen zu.

страна – _____   море – _____

регион – _____   озеро – _____

город – _____   горы – _____

2 **Bringe die Buchstaben in die richtige Reihenfolge, um den Satz zu vervollständigen.**

Уральские горы – граница _____

3 **Прослушай тексты о каникулах ребят и дополни предложения.** 🎧

Летние _____ Настя провела в городе-курорте Сочи.

Там она много _____ в море.

Несколько раз она была в Красной Поляне и каталась на _____.

Летом Олег _____ в Иркутск.

Недалеко от Иркутска находится _____ озеро Байкал.

Олег побывал на _____ Ольхон.

Он _____ провёл время, много увидел и узнал.

На _____ Олеся с классом ездила в Карелию.

Ребята жили на _____ в лесу, на берегу Онежского озера.

Они посетили интересный музей-заповедник на _____ Кижи.

4   **Welche Erklärung passt zu welchem Satz? Markiere die Sätze mit den passenden Farben.**   ↗ G 34

1. Учитель Олеси уже несколько раз <u>ездил</u> с ребятами в Карелию.

2. В Сочи Настя <u>летела</u> на самолёте, а домой в Москву <u>ехала</u>
   с родителями на машине.

3. Настя много <u>плавала</u> в Чёрном море.

4. В Иркутск Олег <u>летал</u> на самолёте.

a) eine Fortbewegung nur in einer bestimmten Richtung

б) eine Bewegung einmal hin und zurück

в) eine Bewegung in verschiedene Richtungen

г) eine sich wiederholende Bewegung

5   **Übertrage die Fragen mit den richtigen Verbformen in deinen Hefter und beantworte sie.**

1. Ты сегодня (шёл/шла/ходил/ходила) в школу пешком или
   (ехал/ехала/ездил/ездила) на велосипеде?

2. Ты уже (летел/летела/летал/летала) на самолёте?

3. Ты уже (плыл/плыла/плавал/плавала) по Балтийскому морю?

4. Ты уже (ездил/ездила/ехал/ехала) в Россию?

5. От Берлина до Москвы самолёт (летит/летает) 3 часа.
   А от Москвы до Иркутска?

6   **Послушай, где побывали ребята на каникулах. Unterstreiche in den Kästen die genannten Angaben.**

Олег

Настя

Максим

Света

Сибирь	Северный Кавказ	Карелия	Германия
Амур	Южный Урал	Чёрное море	Бавария
Алтай	Чёрное море	Белое море	Розенхайм
Иркутск	Сочи	горы Саяны	Баварский Лес
Байкал	Енисей	остров Кижи	Альпы

a) Übersetze die Namen der deutschen Bundesländer. Markiere dann das Bundesland, in dem du lebst.

Федеральные земли	Bundesländer	Где ты живёшь?
Бавария		в Баварии
Баден-Вюртемберг		в Баден-Вюртемберге
Берлин		в Берлине
Бранденбург		в Бранденбурге
Бремен		в Бремене
Гамбург		в Гамбурге
Гессен		в Гессене
Мекленбург-Предпомерания		в Мекленбурге (-Предпомерании)
Нижняя Саксония		в Нижней Саксонии
Рейнланд-Пфальц		в Рейнланд-Пфальце
Саар		в Сааре
Саксония		в Саксонии
Саксония-Анх(г)альт		в Саксонии-Анх(г)альте
Северный Рейн – Вестфалия		в Северном Рейне – Вестфалии
Тюрингия		в Тюрингии
Шлезвиг-Гольштейн		в Шлезвиг-Гольштейне

б) Ответь на вопросы. Используй названия федеральных земель Германии.

1. Где ты живёшь? _____

2. Где ты уже был (была)? _____

_____

3. Где ты ещё хочешь побывать? _____

_____

8 Welche Orte in Russland würdest du gern besuchen? Markiere sie.
Verständigt euch über ein gemeinsames Reiseziel. Sammelt Material und fertigt ein Poster an.

☐ Москва	☐ Золотое кольцо	☐ Дальний Восток
☐ Санкт-Петербург	☐ Волга	☐ Сибирь
☐ Иркутск	☐ Байкал	☐ Карелия
☐ Сочи	☐ Чёрное море	☐ Урал

1 **Где находятся эти города? Сформулируй предложения.**

M Иркутск – Восточная Сибирь   Иркутск находится в Восточной Сибири.

1. Москва – Центральная Россия _____

_____

2. Эрфурт – Тюрингия _____

3. Сочи – Чёрное море _____

4. Любек – Шлезвиг-Гольштейн _____

2 **Переведи.**

– Wie wirst du die Ferien verbringen? _____

– На каникулах я хочу поехать в гости к тёте. Она живёт на Волге, в Самаре. А ты?

_____

_____

– Ich möchte mit den Eltern an die Ostsee fahren. Ich schwimme sehr gern im Meer.

_____

_____

– Я тоже буду много плавать, только не в море, а в Волге. Это тоже классно!

Желаю тебе хорошо провести каникулы!

_____

_____

– Danke. Ich wünsche dir auch alles Gute.

_____

3 **Напиши, что можно делать на каникулах.**

На летних каникулах можно _____

_____

На зим_____

_____

Mein Portfolio zu Диалог 2

Was ich auf Russisch verstehen kann

Ich verstehe *beim Hören*
- mir vertraute Wendungen auf dem Bahnhof, wie Ankunfts- und Abfahrtszeiten.
- einen (kurzen) Wetterbericht.
- kurze Texte und Gespräche zu mir bekannten Themen, wie Schule, Freizeitinteressen, Freunde, Familienfeiern, Reisepläne und Reiseziele.

Ich verstehe *beim Lesen*
- Texte zu mir vertrauten Themen, wenn diese viele mir bekannte Wörter enthalten oder wenn ich das Wörterverzeichnis benutzen kann.
- wesentliche Informationen in Fahrplänen, Stundenplänen, Tagebucheintragungen, Fragebögen zur Person, Umfrageergebnissen/ Statistiken.
- kurze persönliche Mitteilungen wie Glückwunschkarten, E-Mails.
- einfache Reime und Gedichte.

Was ich auf Russisch sagen kann

Ich kann fragen und sagen,
- wie eine Reise war.
- wann Züge abfahren und ankommen.
- welche Kleidung und Farben man (nicht) mag.
- was man in den nächsten Tagen bzw. als Nächstes machen wird.
- in welche Schule und Klasse man geht.
- wie man lernt und welche Unterrichtsfächer man hat.
- welche Freizeitinteressen man hat.
- wann und wo man geboren ist.
- wie man sich fühlt.
- welche Reisepläne man hat.

Ich kann
- jemanden willkommen heißen,
- Vorschläge unterbreiten und darauf reagieren.
- das Datum angeben.
- jemanden einladen.
- jemanden vorstellen.
- meine Verwunderung ausdrücken.
- Glückwünsche formulieren.
- mich mit jemandem verabreden.
- jemanden um Erlaubnis bitten.
- mich erkundigen, was man tun darf oder tun muss.
- etwas begründen.
- Konzertkarten kaufen.
- sagen, was mir weh tut und wie ich mich fühle.

Ich kann mit einfachen Sätzen
- jemanden beschreiben.
- über meine Freizeit- und Ferienpläne berichten.
- meinen Stundenplan erklären.
- meine Schule beschreiben.
- meine Freizeitinteressen beschreiben.
- über das Wetter sprechen.
- interessante Reiseziele vorstellen.

Was ich auf Russisch schreiben kann

Ich kann
- meinen Stundenplan aufschreiben.
- Informationen, die ich gehört oder gelesen habe, festhalten (z. B. in Form einer Mindmap).

Ich kann mit einfachen Sätzen
- eine Einladung (zu einer Feier) schreiben.
- eine Glückwunschkarte schreiben.
- eine E-Mail oder einen Brief (zu einem mir vertrauten Thema) schreiben.
- einen einfachen Werbeprospekt zu meinem Heimatort oder zu einem interessanten Reiseziel erstellen.

Was ich über Russland und seine Menschen weiß

Ich kenne
- einige Besonderheiten in russischen Fernzügen.
- die Namen einiger Bahnhöfe und Flughäfen in Moskau.
- einige russische Feiertage.
- einige russische Musikidole und Musikbeispiele.
- Sehenswürdigkeiten von Sankt Petersburg.
- einige beliebte russische Urlaubsorte bzw. -regionen.

Ich weiß
- etwas über Schulen in Russland (z. B. Schularten, Unterrichtsfächer, Zensuren, Freizeitangebote, Ferien).
- wie in Russland das Neujahrsfest gefeiert wird.

| + | fällt mir schwer | ++ | kann ich noch nicht so gut | +++ | kann ich gut | ++++ | kann ich sehr gut |

G1 | sagen, wohin man geht oder fährt ↗1A

Der Gebrauch der Verben der Bewegung auf die Frage *куда*?

Verben zur Beschreibung von Bewegungen, z. B. *gehen*, *fahren* werden als Verben der Bewegung bezeichnet.
Auf die Frage *куда?* verwendest du im Russischen nach den Präpositionen *в* und *на* (↗ Dialog 1, G 9)
die Ortsangaben im Akkusativ.

Куда́ е́дет А́ня? – Она́ е́дет в Калу́гу.
Wohin fährt Anja? – Sie fährt nach Kaluga.

Куда́ идёт Ма́рко? – Он идёт на стадио́н.
Wohin geht Marco? – Er geht zum/ins Stadion.

Ergänze, was die Jugendlichen antworten, bevor sie ihr Ziel erreicht haben.

1. Бори́с и Артём: Мы е́дем _____ _____ .

2. На́стя: Я е́ду _____ _____ .

3. Жани́н: Мы е́дем _____ _____ .

4. Ма́рко: Я иду́ _____ _____ .

> *Ма́рко:* Я на по́чте.
>
> *На́стя:* Я в супер-ма́ркете.
>
> *Бори́с и Артём:* Мы в па́рке.
>
> Ребя́та, где вы?
>
> *Све́та:* Жани́н и Катари́на на конце́рте.

G2 | Personalpronomen verwenden D ↗DT3 ↗1Б

Personalpronomen: Deklination

Personalpronomen werden im Russischen – wie auch im Deutschen – dekliniert.
Bei der Deklination der Personalpronomen treten häufig einander ähnliche Formen auf.
Besonders viele Ähnlichkeiten gibt es zwischen *я* und *ты* einerseits und *мы* und *вы* andererseits.

Nutze dieses Wissen, um die fehlenden Endungen in den Tabellen zu ergänzen.

	Я	ТЫ
Nominativ	я	т____
Genitiv	меня́	т___б___
Dativ	мне	теб___
Akkusativ	меня́	т___б___
Instrumental	мной	тоб____
Präpositiv	(обо) мне	(о) теб___

	МЫ	ВЫ
Nominativ	мы	в____
Genitiv	нас	в____
Dativ	нам	в____
Akkusativ	нас	в____
Instrumental	на́ми	в____
Präpositiv	(о) нас	(о) в____

	ОН	ОНА	ОНИ
Nominativ	он	она́	они
Genitiv	его́[1]	её	их
Dativ	ему́	ей	им
Akkusativ	его́	её	их
Instrumental	им	ей	(с) ними
Präpositiv	(о) нём	(о) ней	(о) них

> Steht vor *он/она́/оно́* eine Präposition, so wird vor die deklinierte Form ein *н*- gesetzt, z. B. *у него́, с ней*.

1 sprich г wie [в]

Ergänze die fehlenden Formen der Personalpronomen.

у меня́, у тебя́, у _____

ко мне, к тебе́, к _____

со мной, с тобо́й, с _____

обо мне, о тебе́, о _____

| G 3 | Eigenschaften einer Person/ eines Gegenstandes benennen | ↗ DT 2 | ↗ 1 Б |

Adjektive: Singulardeklination

Das Adjektiv stimmt in Numerus (Zahl), Genus (Geschlecht) und Kasus (Fall) mit dem Substantiv, dessen Eigenschaft es benennt, überein. Russische Adjektive können – wie im Deutschen – dekliniert werden. Dabei werden die Endungen an den Wortstamm (z. B. краси́в-) angefügt.

Unterstreiche in der Tabelle die Endungen der Adjektive. Ergänze dann ein weiteres Adjektiv mit den richtigen Endungen.

	männlich	sächlich	weiblich
Nominativ	краси́вый сви́тер _____	краси́вое пла́тье _____	краси́вая блу́зка _____
Genitiv	краси́вого сви́тера _____	краси́вого пла́тья _____	краси́вой блу́зки _____
Dativ	краси́вому сви́теру _____	краси́вому пла́тью _____	краси́вой блу́зке _____
Akkusativ	краси́вый сви́тер _____	краси́вое пла́тье _____	краси́вую блу́зку _____
Instrumental	краси́вым сви́тером _____	краси́вым пла́тьем _____	краси́вой блу́зкой _____
Präpositiv	(о) краси́вом сви́тере (о) _____	(о) краси́вом пла́тье (о) _____	(о) краси́вой блу́зке (о) _____

Endet der Wortstamm auf einen weichen Konsonanten (z. B. син'-), verändern sich die Vokale der Adjektivendung wie folgt: ы → и,   о → е,   а → я,   у → ю.

Vervollständige die Endungen.

> ❗ хоро́ший, хоро́шая, хоро́шее
> m. und s. → Deklination wie си́ний
> w. Akk. → хоро́шую

	männlich	sächlich	weiblich
Nominativ	си́н**ий** сви́тер	си́н**ее** пла́тье	си́н**яя** блу́зка
Genitiv	си́н___го сви́тера	си́н___го пла́тья	си́н___й блу́зки
Dativ	си́н___му сви́теру	си́н___му пла́тью	си́н___й блу́зке
Akkusativ	си́н___й сви́тер	си́н___е пла́тье	си́н___ю блу́зку
Instrumental	си́н___м сви́тером	си́н___м пла́тьем	си́н___й блу́зкой
Präpositiv	(о) си́н___м сви́тере	(о) си́н___м пла́тье	(о) си́н___й блу́зке

Fragepronomen *какой, какое, какая*: **Singulardeklination**

Das Pronomen *какой?* (*какая?, какое?*) wird ebenso dekliniert wie Adjektive (↗ G 3).
Du kannst also deine Vorkenntnisse hier gut nutzen.

Ergänze die Endungen des Pronomens.

	männlich	sächlich	weiblich
Nominativ	больш**ой** рюкза́к как**ой**	больш**ое** письмо́ как**ое**	больш**а́я** футбо́лка как**а́я**
Genitiv	больш**о́го** рюкзака́ как_____	больш**о́го** письма́ как_____	больш**о́й** футбо́лки как_____
Dativ	больш**о́му** рюкзаку́ как_____	больш**о́му** письму́ как_____	больш**о́й** футбо́лке как_____
Akkusativ	больш**о́й** рюкза́к как_____	больш**о́е** письмо́ как_____	больш**у́ю** футбо́лку как_____
Instrumental	больш**и́м** рюкзако́м как_____	больш**и́м** письмо́м как_____	больш**о́й** футбо́лкой как_____
Präpositiv	(о) больш**о́м** рюкзаке́ (о) как_____	(о) больш**о́м** письме́ (о) как_____	(о) больш**о́й** футбо́лке (о) как_____

Verben: Zusammengesetztes Futur

Die Struktur des zusammengesetzten Futurs ist dir aus dem Deutschen und dem Englischen (*will-future*) vertraut.

Deutsch			Russisch			Englisch		
werden + Infinitiv des Vollverbs			быть + инфинитив			will + infinitive		
ich	werde		я	бу́ду		I	will	
du	wirst		ты	бу́дешь		you	will	
er/sie	wird	Tennis	он/она́	бу́дет	игра́ть в те́ннис	he/she	will	play
wir	werden	spielen	мы	бу́дем		we	will	tennis
ihr	werdet		вы	бу́дете		you	will	
sie	werden		они́	бу́дут		they	will	

Im Russischen wird das zusammengesetzte Futur aus den konjugierten Formen
des Hilfsverbs *быть* und dem Infinitiv des (unvollendeten) Verbs (↗ G 26) gebildet.
Bei der Verneinung wird in allen drei Sprachen nur das Hilfsverb verneint.

❗ Aber aufgepasst, die Wortfolge im Satz ist unterschiedlich.

Я <u>не</u> бу́ду игра́ть в те́ннис.　　　　Ich werde <u>nicht</u> Tennis spielen.　　　　I won't (will <u>not</u>) play tennis.

Substantive: Genitiv Plural

Willst du nach der Anzahl von Personen, Tieren oder Gegenständen fragen,
verwendest du das Fragewort *сколько?*
Das davon abhängige Substantiv steht im Genitiv Plural. Hier musst du beachten,
dass die Endungen der männlichen, sächlichen und weiblichen Substantive unterschiedlich sind.

Сколько тури́ст**ов** в ваго́не?	*Wie viele Touristen sind im Waggon?*
Сколько озёр_ в Росси́и?	*Wie viele Seen gibt es in Russland?*
Сколько книг_ на столе́?	*Wie viele Bücher sind (liegen) auf dem Tisch?*

Die Antwort auf die Frage *сколько?* hängt vom Zahlwort (↗ **Dialog 1, G 15, 16**) bzw.
dem unbestimmten Zahlwort (↗ **G 36**) ab.

Сколько тури́ст<u>ов</u> в ваго́не?	В ваго́не 5 тури́ст**ов**.
	В ваго́не 3 тури́ст**а**.
	В ваго́не оди́н тури́ст.

Substantive: Akkusativ Plural

Für den Akkusativ ist die Unterscheidung in belebte und unbelebte Substantive im Russischen wichtig.
Belebte Substantive bezeichnen Personen und Tiere, z. B. ма́льчик, де́вочка, соба́ка, ры́ба.
Alle anderen Substantive gelten als unbelebt, z. B. лине́йка, цветы́.
Der Akkusativ der belebten Substantive ist identisch mit dem Genitiv (↗ **G 6**).

Genitiv Plural	В кла́ссе 15 ученик**о́в** и 14 учени́ц_.
Akkusativ Plural	Я люблю́ фотографи́ровать ученик**о́в** и учени́ц_.

Der Akkusativ der unbelebten Substantive ist identisch mit dem Nominativ.

Nominativ Plural	Цвет**ы́** в ва́зе на столе́.
Akkusativ Plural	Я люблю́ рисова́ть цвет**ы́**.

Substantive: Dativ, Instrumental und Präpositiv Plural

Im Russischen sind die Pluralendungen im Dativ, Instrumental und Präpositiv
in allen drei Genera (Geschlechtern) identisch, egal, ob es sich um belebte oder unbelebte Substantive handelt.

		männlich	weiblich
Dativ	переда́ть приве́т	ма́льчик**ам**	де́вочк**ам**
Instrumental	разгова́ривать с	ма́льчик**ами**	де́вочк**ами**
Präpositiv	говори́ть о	ма́льчик**ах**	де́вочк**ах**

Einige Substantive enden
auf einen weichen Stamm-
auslaut:
*а → я: роди́тел**ям**,
роди́тел**ями**,
(о) роди́тел**ях***

Fragepronomen *кто* und *что*: Deklination

Du kennst bereits die Deklination der Adjektive (↗ **G 3**). *кто* und *что* haben – außer im Nominativ und Akkusativ – die gleichen Endungen wie Adjektive, du brauchst also nichts Neues lernen.
Wie im Deutschen ist oft eine Präposition erforderlich, z. B.

Denke an den weichen Stammauslaut bei *что*!

С кем ты разгова́ривал?   *Mit wem hast du dich unterhalten?*

Nominativ	**Кто** живёт в Калу́ге?	**Что** э́то?
Genitiv	**У кого́** есть брат?	**Чего́** ты жела́ешь ма́ме?
Dativ	**К кому́** ты идёшь?	**К чему́** вы гото́витесь в кружке́?
Akkusativ	**Кого́** фотографи́рует А́ня?	**Что** ты лю́бишь есть?
Instrumental	**С кем** разгова́ривает Све́та?	**С чем** вы поздра́вили ба́бушку?
Präpositiv	**О ком** говоря́т На́стя и А́ня?	**О чём** вы говори́те?

Bilde zu den Sätzen entsprechende Fragen.

Я иду́ к Вади́му.   К _____ ты идёшь?

Я за́втракаю с Ли́зой.   С _____ ты за́втракаешь?

Мы поздра́вили ба́бушку с днём рожде́ния.   С _____ вы поздра́вили ба́бушку?

Я говорю́ о спо́рте.   О _____ ты говори́шь?

Reflexive Verben

Im Russischen gibt es wie im Deutschen so genannte reflexive Verben.
Man erkennt sie im Deutschen am Reflexivpronomen *sich* (z. B. sich waschen, sich beschäftigen),
im Russischen am Suffix *-ся* (nach Konsonant) und *-сь* (nach Vokal*)*.

sich beschäftigen	занима́**ться**	
ich beschäftige mich	я занима́**юсь**	Präteritum: он занима́**лся**
du beschäftigst dich	ты занима́**ешься**	она́ занима́**лась**
er/sie/es beschäftigt sich	он/она́/оно́ занима́**ется**	они́ занима́**лись**
wir beschäftigen uns	мы занима́**емся**	
ihr beschäftigt euch	вы занима́**етесь**	
sie beschäftigen sich	они́ занима́**ются**	

❗ *Sich mit etw. beschäftigen* wird im Russischen ohne Präposition verwendet, z. B **занима́ться футбо́лом**.

Russische und deutsche reflexive Verben entsprechen einander oft, aber nicht immer.

Markiere die Reflexivverben. Übersetze die Sätze. Markiere dabei diejenigen Verben, die nicht in beiden Sprachen reflexiv sind, also nicht übereinstimmen.

На́ша шко́ла нахо́дится на се́вере го́рода. _____

Мой брат у́чится в пе́рвом кла́ссе. _____

По́езд отправля́ется в 8 часо́в. _____

Я люблю́ ката́ться на ро́ликах. _____

Der Gebrauch von *начина́ть(ся)* und *конча́ть(ся)*

Im Russischen musst du – anders als im Deutschen – verschiedene Verbformen verwenden,
wenn du ausdrücken willst, dass jemand etwas beginnt/beendet oder dass etwas beginnt/endet.
Die Verbform von *начина́ть*, *конча́ть* (ohne *-ся!*) drückt aus, dass <u>jemand</u> etwas beginnt oder beendet.
Sie muss immer mit einem <u>Akkusativobjekt</u> verwendet werden. Das ist auch im Deutschen so.

Учи́тель начина́ет уро́к.	*Der Lehrer beginnt den Unterricht.*
Музыка́нты начина́ют конце́рт.	*Die Musiker beginnen das Konzert.*
Мы обы́чно конча́ем рабо́ту в кружка́х в 17 часо́в.	*Wir beenden die Arbeitsgemeinschaften in der Regel um 17 Uhr.*

Die Verbform richtet sich – wie im Deutschen – nach dem Subjekt und stimmt mit diesem
in Kasus und Numerus überein.
Willst du ausdrücken, dass etwas beginnt bzw. endet (eigentlich: begonnen/beendet wird),
dann brauchst du die reflexive Form des Verbs (↗ **G 10**), also die mit dem Suffix *-ся*: *начина́ться*, *конча́ться*.
Das Akkusativobjekt entfällt dann. Der Satz erhält eine passivische Bedeutung (etwas wird begonnen/beendet).

Уро́к начина́ется.	*Der Unterricht beginnt.*
Конце́рт начина́ется.	*Das Konzert beginnt.*
Рабо́та в кружка́х обы́чно конча́ется в 17 часо́в.	*Die Arbeitsgemeinschaften enden in der Regel um 17 Uhr.*

❗ Diese reflexiven Verbformen können <u>nur in der 3. Person</u> Singular oder Plural gebraucht werden.

Ordinalia (Ordnungszahlwörter)

Im Russischen werden Ordnungszahlen in der Regel vom Stamm der Grundzahlwörter abgeleitet
(Ausnahmen sind *пе́рвый*, *второ́й* und *седьмо́й*).

Ordnungszahlwörter werden wie Adjektive dekliniert (↗ **G 3**).
Sie stimmen mit ihrem Bezugswort in Genus, Numerus und Kasus überein.

пя́т**ый** класс	пя́т**ая** шко́л**а**	пя́т**ое** ме́ст**о**
в пя́т**ом** кла́сс**е**	в пя́т**ой** шко́л**е**	на пя́т**ом** ме́ст**е**

Bei mehrgliedrigen Zahlwörtern nimmt nur das letzte Wort die Form einer Ordnungszahl an.

двадца́т**ая** шко́ла	aber	два́дцать шест**а́я** шко́ла.
(eingliedrige Ordnungszahl)		(Grundzahl) (Ordnungszahl)

Die russischen Ordnungszahlen werden – so wie im Englischen – in der Reihenfolge *Zehner – Einer* gesprochen.
Als Ziffern geschrieben steht wie im Englischen – aber anders als im Deutschen – kein Punkt!
Oft wird die Endung aber angedeutet, z. B. 15-й авто́бус, 8-я маршру́тка, учи́ться в 7-м кла́ссе.

Übersetze, schreibe dabei die Ordnungszahlen aus.

die 34. Schule _____

in der 7. Klasse _____

die 14. Etage _____

Adjektive: Pluraldeklination

Wiederhole in **G 3**, was du über Adjektive bereits weißt.
Im Plural spielt das Genus eine untergeordnete Rolle – hier gibt es <u>eine Deklination für alle Adjektive</u>.
Man muss aber zwischen hartem (-*ые*) und weichem Stammauslaut (-*ие*) unterscheiden.

	harter Stammauslaut	weicher Stammauslaut
Nominativ	кра́сн**ые**	си́н**ие**
Genitiv	кра́сн**ых**	си́н**их**
Dativ	кра́сн**ым**	си́н**им**
Akkusativ	кра́сн**ые** *или* кра́сн**ых**	си́н**ие** *или* си́н**их**
Instrumental	кра́сн**ыми**	си́н**ими**
Präpositiv	(о) кра́сн**ых**	(о) си́н**их**

Ergänze in den Sätzen die Endungen der Adjektive.

На́стя пока́зывает неме́цк_____ гостя́м шко́лу.

На пе́рвом этаже́ нахо́дятся специа́льн_____ кабине́ты матема́тики, фи́зики и

иностра́нн_____ языко́в. Ученики́ занима́ются в све́тл_____ и чи́ст_____ кла́ссах.

Алексе́й и Макси́м о́чень лю́бят смотре́ть англи́йск_____ фи́льмы.

За́втра они́ бу́дут игра́ть в футбо́л с неме́цк_____ ма́льчиками.

Possessivpronomen: Deklination im Singular und im Plural

Possessivpronomen werden wie Adjektive mit weichem Stammauslaut dekliniert (↗ **G 3; G 13**).

Singular	männlich	sächlich	weiblich
Nominativ	мо**й**	мо**ё**	мо**я́**
Genitiv	мо**его́**[1]		мо**е́й**
Dativ	мо**ему́**		мо**е́й**
Akkusativ	мо**й** *или* мо**его́**[2]	мо**ё**	мо**ю́**
Instrumental	мо**и́м**		мо**е́й**
Präpositiv	(о) мо**ём**		(о) мо**е́й**

1 sprich г wie [в]   2 unbelebt wie Nominativ; belebt wie Genitiv

So wie *мой, моё, моя* werden auch *твой, твоё, твоя* dekliniert.

Plural		
Nominativ	мо**й**	на́ш**и**
Genitiv	мо**и́х**	на́ш**их**
Dativ	мо**и́м**	на́ш**им**
Akkusativ	мо**й** *или* мо**и́х**	на́ш**и** *или* на́ш**их**
Instrumental	мо**и́ми**	на́ш**ими**
Präpositiv	(о) мо**и́х**	(о) на́ш**их**

So werden auch *твои́* und *ва́ши* dekliniert

Ergänze die Endungen der Possessivpronomen.

Тво_____ неме́цкие друзья́ у́чат ру́сский язы́к?

Я люблю́ игра́ть в ка́рты с мо_____ роди́телями.

Вчера́ мы говори́ли о на́ш_____ спорти́вных кружка́х.

Переда́йте, пожа́луйста, приве́т ва́ш_____ учителя́м.

У ва́ш_____ неме́цких госте́й есть электро́нные адреса́ (e-mail)?

G 15   Bedeutungen erschließen mithilfe von Wortbildungskenntnissen   **D**   ↗ 2Б, 2В

Wortfamilien: Suffixe zur Personen- und Berufsbezeichnung

Aus dem Sprachunterricht sind dir Wortbausteine bekannt: Präfix (Vorsilbe), Wurzel, Stamm,
Suffix (Nachsilbe), Endung.
Wurzel und Wortstamm tragen die Grundbedeutung. Das ist hilfreich beim Erschließen
unbekannter Wörter. Wörter mit gleicher Wurzel oder gleichem Wortstamm bilden eine Wortfamilie.
Zum Beispiel Wörter mit der Wurzel *уч-* haben etwas mit *lernen* oder *lehren* (*учени́к, учи́тель*) zu tun,
Wörter mit der Wurzel *чит-* (*чита́ть, чита́льный, чита́тель*) mit *lesen*.
Neue Wörter werden unter anderem durch das Anfügen von Suffixen gebildet. Suffixe haben –
wie auch Präfixe – bestimmte Bedeutungen, z. B. bezeichnen *-ик, -ник, -ниц(а), -тель, -ист,
-к(а), -ер, -(а)тор* Personen und Berufe.
Nur wenige Berufsbezeichnungen haben je ein Suffix für die männliche und eins für die weibliche Bezeichnung.
Das Deutsche ist hier wesentlich konsequenter und kann mit dem Suffix *-in* von allen Berufen
eine weibliche Form bilden.

Ordne die Wörter aus den Übungen 2Б/9 (SB S. 31) und 2В/11 und 12 (SB S. 35)
den folgenden Suffixen zu und ergänze die deutsche Bedeutung.

-ик: _____   -тель, -ниц(а): _____

-ник, -ниц(а): _____

_____

-ист, -к(а): _____

_____

-ер: _____

-(а)тор: _____

_____

_____

Verben: *e*-Konjugation

Du kennst bereits die Konjugationsarten der russischen Verben: *u*- und *e*-Konjugation (↗ Dialog 1, G 20–21).
Die Verben auf *-овать/-евать* (z. B участвовать, рисовáть, фотографи́ровать, интересовáться, танцевáть)
 gehören zur *e*-Konjugation. Aber bei der Konjugation wird im Präsens das Suffix *-ова/-ева* durch *-y* ersetzt.

рис<u>овá</u>ть

я рис**ý**ю	мы рис**ý**ем
ты рис**ý**ешь	вы рис**ý**ете
он/онá/онó рис**ý**ет	они рис**ý**ют

> Im Präteritum fällt das Suffix *-ова* nicht weg: *он рисовáл*.

Schreibe alle Formen von *фотографи́ровать, танцевáть* und *интересовáться* (↗ G 10) auf.

Präsens

я _____

ты _____

он/она/оно _____

мы _____

вы _____

они _____

Präteritum

он _____

она _____

они _____

Adverbien

Adverbien (Umstandswörter) bestimmen die Umstände einer Handlung oder eines Vorgangs näher.
Du kennst Adverbien aus dem Deutschen und Englischen. Sie verändern ihre Form nicht.
Wie auch im Englischen werden Adverbien von Adjektiven (↗ Dialog 1, G 26) abgeleitet.
An den Wortstamm wird das Suffix *-o* angefügt.

This is a beautiful song.	He sings beautiful<u>ly</u>.
Э́то краси́вая пéсня.	Он поёт краси́в**о**.

Wie im Deutschen und Englischen ist es unwichtig, ob eine oder mehrere Personen etwas tun,
z. B. Он поёт краси́во. Они́ поют краси́во.
Im Gegensatz zum Deutschen und Englischen ist die Stellung im Satz aber nicht festgelegt.
Du kannst sagen Он поёт краси́во. oder Он краси́во поёт.

Ergänze die abgeleiteten Adverbien.

интере́сный _____   норма́льный _____

плохо́й _____   пра́вильный _____

ску́чный _____   хоро́ший _____

| G 18 | sagen, zu welcher Jahreszeit etwas geschieht | ↗ 3 A |

Zeitadverbien

Zur Angabe der Tageszeiten hast du bereits *у́тром, днём, ве́чером* gelernt.
Auf die Fragen *когда́? в како́е вре́мя го́да?* antwortest du mit den Zeitadverbien
весно́й, ле́том, о́сенью, зимо́й.

Како́е вре́мя го́да?	Когда́? В како́е вре́мя го́да?	
весна́	весно́й	*im Frühling*
ле́то	ле́том	*im Sommer*
о́сень	о́сенью	*im Herbst*
зима́	зимо́й	*im Winter*

Ergänze in den Sätzen die entsprechenden Jahreszeiten.   **M**   У Ни́ны день рожде́ния весно́й.

У моей мамы день рождения _____ .

Рождество мы празднуем _____ .

Я люблю кататься на роликах _____ .

_____ ребята играют в футбол на стадионе.

| G 19 | sagen, in welchem Monat etwas geschieht | ↗ 3 A |

Zeitangaben: Monatsnamen

Willst du ausdrücken, in welchem Monat (*когда́? в како́м ме́сяце?*) etwas geschieht,
verwendest du die Präposition *в* mit Präpositiv.

(!)   Betonungswechsel bei *янва́рь, февра́ль, сентя́брь, октя́брь, ноя́брь, дека́брь.*

Како́й ме́сяц?	Ко́гда? В како́м ме́сяце?
янва́рь	в январе́
февра́ль	в феврале́
март	в ма́рте
апре́ль	в апре́ле
май	в ма́е
ию́нь	в ию́не
ию́ль	в ию́ле
а́вгуст	в а́вгусте
сентя́брь	в сентябре́
октя́брь	в октябре́
ноя́брь	в ноябре́
дека́брь	в декабре́

Zeitangaben: Wochentage

Auf die Fragen *когда́? в како́й день?* bzw. *в каки́е дни?* verwendest du in der Antwort die Präposition *в* mit Akkusativ.

– Когда́ (в како́й день) ты занима́ешься спо́ртом?
– Я занима́юсь спо́ртом **в** сре́д**у**.

– Когда́ (в каки́е дни) у вас ру́сский язы́к?
– Ру́сский язы́к у нас **в** понеде́льник_ и **в** пя́тниц**у**.

> Beachte, dass es *во вто́рник* heißt.

Ergänze die fehlenden Fragen oder Antworten.

1. – _____

   – В кино́ я был в воскре́сенье.

2. – В каки́е дни у вас неме́цкий язы́к?

   – _____

3. – _____

   – Неме́цкие го́сти прие́хали в Калу́гу во вто́рник.

4. – Когда́ у вас бу́дет экску́рсия по го́роду?

   – _____

Zeitangaben: Datum

Auf die Frage *Како́е сего́дня число́?* antwortest du mit dem Nominativ des Ordnungszahlwortes in der sächlichen Form (wegen *число́!*) und dem Genitiv des Monatsnamens.

Сего́дня пе́рв**ое** апре́л**я**.	*Heute ist der 1. April (der 1. des Aprils).*
Сего́дня два́дцать втор**о́е** ма́**я**.	*Heute ist der 22. Mai (der 22. des Mais).*

Willst du die Datumsangabe um die Jahreszahl ergänzen, so verwendest du für das Jahr – im Gegensatz zum Deutschen und Englischen – die Ordnungszahl und das russische Wort für Jahr – *год* – im Genitiv.

Сего́дня тре́тье января́ две ты́сяч**и** деся́т**ого** го́д**а**.   *Heute ist der 3. Januar 2010.*
(der 3. des Januars des Jahres 2010)

Übersetze folgende Sätze ins Russische. Schreibe dabei das Datum aus.

Heute ist der 6. November 2010. _____

_____

Heute ist der 31. März 2011. _____

_____

Zeitangaben: Datum

Die Frage *Како́го числа́?* stellst du, wenn du wissen willst, *wann? am wievielten?* etwas geschieht.
Dabei verwendest du – im Unterschied zum Deutschen und Englischen – keine Präposition.
Die Antwort besteht aus dem Genitiv des Ordnungszahlwortes für den Tag und dem Genitiv
des Monatsnamens.

пе́рвого апре́ля   *am 1. April*   **два́дцать второ́го ма́я**   *am 22. Mai*

Willst du das Jahr mit angeben, verfährst du wie in **G 21**.

тре́тьего января́ две ты́сячи деся́того го́да   *am 3. Januar 2010*

Vervollständige die Datumsangaben
und beantworte die Frage nach deinem Geburtstag.
Schreibe dabei die Ziffern aus.

> ❗ Beachte im letzten Beispiel
> den weichen Stammauslaut in
> der Datumsangabe.

Двена́дцат_____ апре́л___ ты́сяча девятьсо́т шестьдеся́т пе́рв_____ го́да

пе́рвый челове́к (Mensch), Ю́рий Гага́рин, был в ко́смосе.

Тре́ть_____ ноябр_____ ты́сяча девятьсо́т пятьдеся́т седьм_____ го́да соба́ка Ла́йка была́ в ко́смосе.

Когда́ ты родила́сь/роди́лся?

Zeitangaben: Jahreszahlen

Auf die Frage *в како́м году́?* antwortest du mit
в + Ordnungszahl + *год* im Präpositiv.

> Merke dir, dass der Präpositiv
> von *год* **году́** heißt.

В како́м году́? – In welchem Jahr?

2010 – **в** две ты́сячи деся́**том** год**у́**   2002 – **в** две ты́сячи втор**о́м** год**у́**

1996 – **в** ты́сяча девятьсо́т девяно́сто шест**о́м** год**у́**   2000 – **в** двухты́сячн**ом** год**у́**

1990 – **в** ты́сяча девятьсо́т девяно́ст**ом** год**у́**

Lies die Sätze und notiere dann die Jahresangaben als Ziffern.

Ви́тя роди́лся в ты́сяча девятьсо́т девяно́сто восьмо́м году́.   Све́та родила́сь в две ты́сячи тре́тьем году́.

Ви́тя роди́лся в _____ году́.   Све́та родила́сь в _____ году́.

Вади́м и Ко́стя родили́сь в ты́сяча девятьсо́т девяно́сто седьмо́м году́.

Вади́м и Ко́стя родили́сь в _____ году́.

Unbestimmt-persönliche Sätze

Unbestimmt-persönliche Sätze sind Sätze, in denen der Urheber der Handlung nicht genannt wird,
da er für den Sprecher unwichtig oder ihm unbekannt ist. Deshalb haben diese Sätze <u>kein Subjekt</u>.
Das Verb steht in der 3. Person Plural (im Präsens oder Futur) oder in der Pluralform des Präteritums.
Für die Übersetzung ins Deutsche stehen dir zwei Möglichkeiten zur Verfügung. Aktivsatz mit *man* oder Passivsatz.

В Росси́и пра́зднуют Рождество́ 7 января́.
In Russland <u>feiert man</u> am 7. Januar Weihnachten. *oder* … <u>wird</u> … <u>gefeiert</u>.

Markiere die unbestimmt-persönlichen Sätze.

1 января́ в Росси́и пра́зднуют Но́вый год. Дед Моро́з и Снегу́рочка прихо́дят с пода́рками ужé

вéчером 31 декабря́. Вся семья́ обы́чно до́ма. До́ма стои́т ёлка. Обы́чно в 22 часа́ все вмéсте у́жинают.

В 24 часа́ говоря́т тост *С Но́вым го́дом!* и пьют шампа́нское, смо́трят по телеви́зору фейервéрк

в Москвé. Ча́сто встреча́ют Но́вый год с друзья́ми. Гуля́ют по го́роду.

Modalverben *мочь* und *умéть*

Modalverben kennst du aus dem Deutschen und Englischen.
Für das deutsche Modalverb *können* – die Möglichkeit oder die Fähigkeit (das Talent),
etwas zu tun, gibt es im Russischen zwei unterschiedliche Verben:
умéть → die Fähigkeit (das Talent) und *мочь* → die Möglichkeit.

К сожалéнию, я не умéю ката́ться на конька́х.   По́сле шко́лы мы мо́жем ката́ться на конька́х.

Ich kann leider (gar) nicht Schlittschuh laufen.   *Wir können (heute) nach der Schule Schlittschuh laufen.*
(Fähigkeit)   (Möglichkeit)

Vervollständige die folgenden Sätze. Entscheide, ob eine Fähigkeit oder
eine Möglichkeit ausgedrückt werden soll.

Бори́с ма́ленький. Он ещё не _____ чита́ть. (умéет/мо́жет)

Ты _____ игра́ть в тéннис? (умéешь/мо́жешь)

Ты _____ прийти́ ко мне по́сле шко́лы? (умéешь/мо́жешь)

К сожалéнию, я не _____ написа́ть тебé e-mail. Мой компью́тер не рабо́тает. (умéю/могу́)

У Ви́ктора боли́т нога́. Сего́дня он не _____ игра́ть в футбо́л. (умéет/мо́жет)

Немно́го ю́мора

Ма́ма: Ли́за, что ты дéлаешь?
Ли́за: Пишу́ письмо́.
Ма́ма: Но ты ма́ленькая, ты ещё не умéешь писа́ть.
Ли́за: Ну и что? Моя́ подру́га то́же ма́ленькая, она́ не умéет чита́ть.

Verben: Aspektpartner

Einem deutschen Verb entsprechen im Russischen (und in anderen slawischen Sprachen)
in der Regel zwei Verben – ein vollendetes und ein unvollendetes Verb: *написа́ть/писа́ть*.
Sie haben die gleiche lexikalische Bedeutung (*schreiben*), aber unterschiedliche grammatische Bedeutungen.
Beide bilden ein Aspektpaar. Im Lehrwerk Диалог werden die Aspektpaare immer in der Reihenfolge
v./uv. angegeben.

Den **vollendeten** Aspekt (v.) verwendet man in der Regel für	Den **unvollendeten** Aspekt (uv.) verwendet man in der Regel für
• eine abgeschlossene Handlung, • mehrere aufeinander folgende Handlungen, • die Betonung des Ergebnisses der Handlung.	• unbegrenzt andauernde Handlungen, • sich wiederholende Handlungen, • gleichzeitig ablaufende Handlungen.
Вчера́ я **посмотре́л** футбо́льный матч. abgeschlossen, einmal = v.	Зимо́й я ка́ждый день **смотре́л** телеви́зор. sich wiederholende Handlung = uv.

Bei der Wahl des richtigen Aspekts können dir <u>Signalwörter</u> helfen,
z. B. bei aufeinander folgenden Handlungen: снача́ла, по́сле э́того, пото́м u. ä.

Viele Aspektpartner unterscheiden sich durch Präfixe.
Das präfigierte Verb ist der vollendete Aspektpartner.

> **!** Es gibt auch einige unregelmäßige Formen, z. B. sagen – *сказа́ть/говори́ть* und kaufen – *купи́ть/покупа́ть*.

<u>на</u>писа́ть/писа́ть   <u>по</u>звони́ть/звони́ть   <u>с</u>де́лать/де́лать

<u>на</u>рисова́ть/рисова́ть   <u>по</u>игра́ть/игра́ть   <u>вы́</u>учить/учи́ть

Verben: einfaches Futur

Von jedem unvollendeten Verb kann man Präsens, Präteritum und Futur bilden,
von jedem vollendeten Verb nur Präteritum und Futur. Die konjugierten Formen
des vollendeten Verbs sind automatisch Futurformen.

Я **про́чита́ю** газе́ту по́сле обе́да.	Ка́ждый день я **чита́ю** газе́ту.
v. = Futur → Ich werde nach dem Mittag Zeitung lesen.	uv. = Präsens → Ich lese jeden Tag Zeitung.

Diese Möglichkeit, Futurformen zu bilden, nennt man auch einfaches Futur,
im Gegensatz zum zusammengesetzten Futur (↗ **G 5**).

Willst du ausdrücken, dass im Futur mehrere Handlungen aufeinander folgen,
verwendest du den vollendeten Aspekt (↗ **G 26**).
Beachte die verwendeten Signalwörter.

Снача́ла я **посмотрю́** фильм о Санкт-Петербу́рге, **по́сле э́того** пообе́даю у ба́бушки,	*Zuerst werde ich mir einen Film über Sankt Petersburg ansehen,* *danach (also: wenn ich den Film zu Ende gesehen habe)* *werde ich bei meiner Oma zu Mittag essen*
а **пото́м погуля́ю** по го́роду с друзья́ми.	*und dann (wenn ich aufgegessen habe)* *werde ich mit Freunden durch die Stadt bummeln.*

Bilde 3 Satzbeispiele, in denen du ausdrückst, was du zuerst und danach tun wirst.

_____

_____

_____

_____

_____

| G 28 | Tätigkeiten in der Vergangenheit ausdrücken | D | ↗ 5Б |

Verben: Aspektgebrauch im Präteritum

Verwendest du den **vollendeten Aspekt** in der Vergangenheit, so betonst du	Verwendest du dagegen den **unvollendeten Aspekt** in der Vergangenheit, so betonst du
1. dass die Handlung bereits <u>abgeschlossen</u> ist: Я **прочита́л(а)** журна́л. _Ich habe die Zeitschrift gelesen. (= Ich bin damit fertig.)_	1. den <u>Verlauf</u> einer Handlung: Я три часа́ **чита́л(а)** журна́л. _Drei Stunden lang las ich eine Zeitschrift._
oder	oder
2. dass die Handlung nur <u>einmal</u> stattfand: Я **написа́ла** письмо́. _Ich habe (nur) einen Brief geschrieben._	2. dass die Handlung sich <u>wiederholte</u>, also öfter als einmal stattfand: Я ча́сто **писа́ла** пи́сьма. _Ich habe oft Briefe geschrieben._
oder	oder
3. das <u>Ergebnis</u> der Handlung: В суббо́ту мы **сде́лали** ремо́нт в кварти́ре. _Am Samstag haben wir unsere Wohnung renoviert._ _(= Jetzt ist sie fertig.)_	3. die <u>Dauer</u> einer Handlung: Три неде́ли мы **де́лали** ремо́нт в кварти́ре. _Drei Wochen lang haben wir unsere Wohnung renoviert._ _(= Es hat drei Wochen gedauert, unsere Wohnung zu renovieren.)_

Überlege zunächst, welche Sicht auf die Handlung in den folgenden Witzen widergespiegelt wird.

Wähle in Abhängigkeit davon den Aspekt des Verbs. Begründe deine Entscheidung.

> Lege in deinem Vokabelheft einen extra Teil für die Aspektpaare der Verben an. Notiere schwierige Konjugationsformen.

а) Сего́дня учи́тельница сказа́ла/говори́ла: Во́вочка, ты сего́дня непло́хо
сде́лал/де́лал уро́ки.
Во́вочка: Па́па улете́л[1] в командиро́вку.

б) Во́вочка: Ма́ма, на́ша учи́тельница никогда́ (nie) не уви́дела/ви́дела соба́ку.
Ма́ма: Почему́ ты так ду́маешь, Во́вочка?
Во́вочка: Я нарисова́л/рисова́л соба́ку, а учи́тельница спроси́ла/спра́шивала, что э́то тако́е[2]!

1 ist geflogen   2 fragte, was das sein soll

Modalverben: *нýжно* **und** *нáдо* **im Präsens**

Willst du ausdrücken, dass etwas getan werden muss bzw. etwas notwendig ist,
verwendest du *нýжно* oder *нáдо* (ugs.). Wie im Deutschen folgt im Russischen danach der <u>Infinitiv des Verbs</u>.

❗ Anders als im Deutschen steht die Person, die etwas tun muss, im Dativ.

Вадѝм**у** нýжно дéлать урóки.	*Vadim muss Hausaufgaben machen.*
У Вѝктора болѝт ногá. Вѝктор**у** нýжно(нáдо) идтѝ в больнѝцу.	*Viktor muss ins Krankenhaus gehen.*
Дéдушка Нáсти бóлен. Нáст**е** нýжно(нáдо) помогáть дéдушке.	*Nastja muss ihrem Großvater helfen.*
В суббóту бýдет концéрт на стадиóне. **Мне** нáдо купѝть билéты.	*Ich muss Karten kaufen.*

Übersetze die Sätze.

Борѝсу нáдо дéлать урóки.

_____

Нам нáдо писáть письмó по-англѝйски.

_____

Во втóрник ей нáдо идтѝ на урóк мýзыки.

_____

Тебé нáдо убирáть кóмнату.

_____

Modale Ausdrücke: *нýжно, нáдо (бы́ло, бýдет)* **in Präteritum und Futur**

Den Gebrauch von *нýжно* und *нáдо* kennst du bereits (↗ **G 29**).

Da *нýжно* und *нáдо* unpersönlich sind und keine Zeiten ausdrücken können, muss im Präteritum und Futur
vor dem Infinitiv des Verbs noch eine Verbform von *быть* eingeschoben werden.

Нáсте нýжно (нáдо) **бы́ло** написáть e-mail Антóну.	*Nastja musste eine E-Mail an Anton schreiben.*
Мне нýжно (нáдо) **бýдет** написáть e-mail Мáше.	*Ich werde eine E-Mail an Mascha schreiben müssen.*

Ergänze die folgenden Sätze.

1. Я не знáю, когдá приéдет Лѝнда. (Linda anrufen)

Мне _____

2. Зáвтра у нас урóк рýсского языкá. (Vokabeln lernen)

Нам _____

3. Лéтом Нáстя поéдет к Лѝнде в Дрéзден. (Souvenirs kaufen)

Ей _____

4. Лéтние канѝкулы Вадѝм и Вѝктор провелѝ дóма. (den Eltern helfen)

Им _____

Modale Ausdrücke: *мо́жно* **und** *нельзя́*

Willst du ausdrücken, dass man etwas tun darf oder tun kann, verwendest du *мо́жно*.
Wie im Deutschen folgt im Russischen danach der Infinitiv des Verbs.

На стадио́не **мо́жно игра́ть** в футбо́л.	*Im Stadion kann man Fußball spielen.*
Здесь **мо́жно игра́ть** в футбо́л? – Да, мо́жно.	*Darf man hier Fußball spielen? – Ja, darf man.*
В ка́ссе стадио́на **мо́жно купи́ть** биле́ты? – Мо́жно.	*Kann man die Karten an der Stadionkasse kaufen? – Ja, kann man.*
Где **мо́жно** хорошо́ **провести́** кани́кулы?	*Wo kann man seine Ferien gut verbringen?*
Зимо́й **мо́жно ката́ться** на лы́жах.	*Im Winter kann man Ski laufen.*

Vervollständige die folgenden Sätze.

1. На кани́кулах мо́жно _____

2. В Москве́ мо́жно посмотре́ть _____

3. В хоро́шую пого́ду мо́жно _____

4. В плоху́ю пого́ду мо́жно _____ .

Soll ausgedrückt werden, dass man etwas nicht tun darf – also ein Verbot ausgesprochen werden –
wird *нельзя́* anstelle von *мо́жно* verwendet.

На уро́ке **нельзя́ жева́ть** жва́чку.	На уро́ке **нельзя́ звони́ть** по моби́льнику.

Die Person, die etwas (nicht) tun darf oder kann steht im Dativ.

Нам нельзя́ жева́ть жва́чку.   *Wir dürfen keinen Kaugummi kauen.*

Stelle je zwei Regeln zum Verhalten in der Schule auf, die dir etwas erlauben
bzw. gestatten und die dir etwas nicht erlauben bzw. verbieten.

_____

_____

_____

Objektsätze mit *что*

Wenn man wiedergeben will, was eine andere Person gesagt hat, werden im Russischen
Objektsätze mit *что* verwendet. Das kennst du aus dem Deutschen.

Ма́ша сказа́ла, что (она́) пое́дет в Санкт-Петербу́рг. *Mascha sagte, dass sie nach Sankt Petersburg fährt.*

Я пое́ду
в Санкт-Петербу́рг.

Im russischen Satz steht das Prädikat – anders als im Deutschen –
nicht am Ende des Nebensatzes.

Schreibe auf, was die Personen gesagt haben.

Антóн: На канѝкулах я остáнусь дóма _____

Лѝнда: Я óчень хочý поéхать в Москвý. _____

G 33   etwas begründen   D ↗ 5 A

Adverbialsätze des Grundes mit *потомý что*

Wie du aus dem Deutschen weißt, drückt ein Adverbialsatz des Grundes die Ursache
für das im Hauptsatz Gesagte aus. Er wird durch die Konjunktion (Bindewort) *потомý что* eingeleitet.

Лéна остáнется в Москвé, **потомý что** к ней в гóсти приéдет Лѝнда.
Lena bleibt in Moskau, **weil** Linda zu ihr zu Besuch kommt.

> ❗ Die Konjunktion *потомý что* steht nie am Satzanfang.

Bilde Adverbialsätze des Grundes, indem du beide Sätze miteinander verbindest.

M   Юля хорошó знáет Москвý. Юля чáсто éздит в Москвý.
    Юля хорошó знáет Москвý, потомý что онá чáсто éздит в Москвý.

1. Юля чáсто éздит в Москвý. Там живёт её бáбушка.

_____

2. Мы с брáтом чáсто éздим в Крáсную Полýну. Мы лю́бим катáться на гóрных лы́жах.

_____

G 34   eine Fortbewegung ausdrücken   ↗ 5 A, 5 B

Nicht präfigierte Verben der Bewegung

Verben der Bewegung treten paarweise auf. Sie sind aber keine Aspektpartner! Sie haben die gleiche
lexikalische Bedeutung (z. B. fahren), aber unterschiedliche grammatische Bedeutungen: eine auf ein Ziel
gerichtete oder eine ziellose Bewegung. In Abhängigkeit davon wird das eine als zielgerichtetes
(oder bestimmtes), das andere als nicht zielgerichtetes (oder unbestimmtes) Verb bezeichnet.

Einige Verben der Bewegung kennst du bereits. (↗ G 1)
Ordne das jeweils fehlende Verb in die Tabelle ein.

	bestimmtes Verb → Ziel	unbestimmtes Verb → ~~Ziel~~
🚶	идтѝ	
🚗		éздить
✈️		летáть
🚢	плыть	

Schau dir an, was die Partner der Verben der Bewegung voneinander unterscheidet.
Das <u>bestimmte Verb</u> bezeichnet immer eine Bewegung mit einem bestimmten Ziel/auf ein Ziel hin.

————————→

Я **идý** в кинó.	*Ich gehe ins Kino. (Das Kino ist mein Ziel.)*
Я **éду** в шкóлу.	*Ich fahre zur Schule.*
Пáпа Олéга **летит** в Сибирь.	*Olegs Vater fliegt nach Sibirien.*
Олéг **плывёт** к бéрегу.	*Oleg schwimmt zum/ans Ufer.*

Das <u>unbestimmte Verb</u> bezeichnet

1. eine sich wiederholende, auch gewohnheitsmäßige Bewegung	2. eine Bewegung in verschiedene Richtungen, hin und her, kreuz und quer
——→ ——→ ——→	↘ ↖ ↗
Я чáсто хожý в кинó. *Ich gehe oft ins Kino.*	Пáпа Олéга мнóго летáет по Росси́и. *Olegs Vater fliegt viel durch Russland.* *(= Er ist viel mit dem Flugzeug unterwegs.)*
Я éзжу в шкóлу на велосипéде. *Für gewöhnlich fahre ich mit dem Rad zur Schule.*	Олéг плáвал в óзере. *Oleg schwamm im See (herum).*

Überlege, ob die folgenden Bewegungen zielgerichtet verlaufen oder nicht.
Wähle dann die entsprechende Form und unterstreiche sie. Begründe deine Wahl.

1. Мой дя́дя – пилóт. Он чáсто лети́т/летáет по маршрýту Москвá – Иркýтск и́ли Москвá – Владивостóк.
   Сегóдня он лети́т/летáет в Иркýтск. Я тóже люблю́ летéть/летáть на самолёте.

2. – Кудá ты сейчáс идёшь/хóдишь ?

   – Я идý/хожý в кинó.

   – Ты чáсто идёшь/хóдишь в кинó?

3. – Вы éдете/éздите в Иркýтск на пóезде?

   – Нет, мы лети́м/летáем на самолёте.

   – Ты лю́бишь летéть/летáть на самолёте?

Bei den Verben der Bewegung tritt in der <u>Vergangenheit</u> eine zusätzliche Bedeutung auf,
die es in der Gegenwart nicht geben kann: eine (bereits erfolgte) Bewegung zu einem Ziel und zurück.

Вчерá мы **ходи́ли** в кинó.	*Gestern waren wir im Kino.* *(Wir sind hingegangen und sind jetzt wieder zu Hause.)*
В прóшлом годý мы **éздили** в Росси́ю.	*Im letzten Jahr waren wir in Russland.* *(Wir sind hingefahren und sind jetzt wieder zu Hause.)*

> ❗ Präge dir die Präteritumformen des Verbs *идти́* ein:
> *он шёл, онá шла, онó шло, мы/вы/они́ шли.*

Überlege, wie die folgenden Bewegungen verlaufen sind.
Setze die entsprechenden Pfeilkombinationen ein und begründe deine Entscheidung.

1. (   ) Ли́нда уже́ нéсколько раз éздила в Росси́ю.

2. (   ) В этóм годý Олéг летáл с пáпой в Сибирь.

3. (   ) Лéна шлá в магази́н и дýмала о подáрке для Ли́нды.

4. (   ) Олéг мнóго плáвал в бассéйне, потомý что в Москвé былá плохáя погóда.

Zahlwörter: *мно́го* und *не́сколько*

Im Gegensatz zu Angaben mit konkreten Zahlen (↗ **Dialog 1, G 15–17**) bezeichnen
unbestimmte Zahlwörter eine unbestimmte, nicht genauer definierte Menge von Dingen.
Sie treten immer in Verbindung mit (Adjektiven und) Substantiven auf.
Zu ihnen gehören *мно́го* und *не́сколько* .
Von ihnen abhängige (Adjektive und) Substantive stehen im <u>Genitiv Plural</u> (↗ **G 6**).

Beachte, dass im Genitiv Plural russischer Substantive je nach Geschlecht unterschiedliche
Endungen auftreten, während die Adjektivendungen immer gleich sind:

bei männlichen Substantiven

В Росси́и **мно́го** больш**их** город**о́в**.   *In Russland gibt es viele große Städte.*

В Ирку́тске **не́сколько** интере́сн**ых** музе́**ев**.   *In Irkutsk gibt es einige interessante Museen.*

У меня́ есть **не́сколько** росси́йск**их** рубл**е́й**.   *Ich habe ein paar russische Rubel.*

bei sächlichen Substantiven

В Росси́и **мно́го** уника́льн**ых** мест.   *In Russland gibt es viele einmalige Orte.*

У нас **не́сколько** краси́в**ых** озёр.   *Wir haben einige schöne Seen.*

bei weiblichen Substantiven

В Каре́лии **мно́го** тури́сти́ческ**их** баз.   *In Karelien gibt es viele Touristencamps.*

В центра́льной Росси́и **мно́го** дереве́нь.   *In Zentralrussland gibt es viele Dörfer.*

Ergänze die Endungen.

1. Мы посети́ли не́сколько стар_____ ру́сски_____ город_____.

2. В Москве́ мно́го краси́в_____ библиоте́к и гости́ниц.

3. В больши́х города́х всегда́ мно́го маши́н и трамва́_____.

4. У меня́ до́ма есть не́сколько интере́сн_____ откры́т_____ из Росси́и.

5. В Герма́нии мно́го ста́рых и но́в_____ дереве́н___.

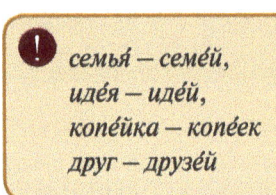

! семья́ — семе́й,
иде́я — иде́й,
копе́йка — копе́ек
друг — друзе́й

Deklination der Substantive (Plural)

1. Deklination

Plural	männlich		sächlich		
Nom.	столы́	попуга́и	пи́сьма	слова́	варе́нья
Gen.	столо́в	попуга́ев	пи́сем	слов_	варе́ний
Dat.	стола́м	попуга́ям	пи́сьмам	слова́м	варе́ньям
Akk.	столы́	попуга́ев	пи́сьма	слова́	варе́нья
Instr.	стола́ми	попуга́ями	пи́сьмами	слова́ми	варе́ньями
Präp.	(о) стола́х	(о) попуга́ях	(о) пи́сьмах	(о) слова́х	(о) варе́ньях

2. Deklination

	weiblich		
Nom.	шко́лы	тёти	фотогра́фии
Gen.	школ_	тётей	фотогра́фий
Dat.	шко́лам	тётям	фотогра́фиям
Akk.	шко́лы	тётей	фотогра́фии
Instr.	шко́лами	тётями	фотогра́фиями
Präp.	(о) шко́лах	(о) тётях	(о) фотогра́фиях

Deklination der Adjektive

	Singular						Plural	
	männlich		sächlich		weiblich			
Nom.	но́вый	си́ний	но́вое	си́нее	но́вая	си́няя	но́вые	си́ние
Gen.	но́вого	си́него	но́вого	си́него	но́вой	си́ней	но́вых	си́них
Dat.	но́вому	си́нему	но́вому	си́нему	но́вой	си́ней	но́вым	си́ним
Akk.	но́вый/но́вого	си́ний/си́него	но́вое/но́вого	си́нее/си́него	но́вую	си́нюю	но́вые/но́вых	си́ние/си́них
Instr.	но́вым	си́ним	но́вым	си́ним	но́вой	си́ней	но́выми	си́ними
Präp.	(о) но́вом	(о) си́нем	(о) но́вом	(о) си́нем	(о) но́вой	(о) си́ней	(о) но́вых	(о) си́них

Deklination der Personalpronomen

	Singular				Plural		
	1. Person	**2. Person**	**3. Person**		**1. Person**	**2. Person**	**3. Person**
			он / оно	она			
Nom.	я	ты	он / оно́	она́	мы	вы	они́
Gen.	меня́	тебя́	его́	её	нас	вас	их
Dat.	мне	тебе́	ему́	ей	нам	вам	им
Akk.	меня́	тебя́	его́	её	нас	вас	их
Instr.	со мной	тобо́й	(с) ним	(с) ней	на́ми	ва́ми	(с) ни́ми
Präp.	(обо) мне́	(о) тебе́	(о) нём	(о) ней	(о) нас	(о) вас	(о) них

Deklination der Possessivpronomen

	Singular			Plural
	männlich	**sächlich**	**weiblich**	
Nom.	мой	моё	моя́	мои́
Gen.	моего́	моего́	мое́й	мои́х
Dat.	моему́	моему́	мое́й	мои́м
Akk.	мой/моего́	моё	мою́	мои́/мои́х
Instr.	мои́м	мои́м	мое́й	мои́ми
Präp.	(о) моём	(о) моём	(о) мое́й	(о) мои́х

	Singular			Plural
	männlich	**sächlich**	**weiblich**	
Nom.	наш	на́ше	на́ша	на́ши
Gen.	на́шего	на́шего	на́шей	на́ших
Dat.	на́шему	на́шему	на́шей	на́шим
Akk.	наш/на́шего	на́ше	на́шу	на́ши/на́ших
Instr.	на́шим	на́шим	на́шей	на́шими
Präp.	(о) на́шем	(о) на́шем	(о) на́шей	(о) на́ших

Ebenso werden твой, твоя́, твоё, ваш, ва́ша, ва́ше und ва́ши dekliniert.

Deklination der Fragepronomen

Nom.	кто	что
Gen.	кого́	чего́
Dat.	кому́	чему́
Akk.	кого́	что
Instr.	кем	чем
Präp.	(о) ком	(о) чём

Verben, die im Russischen einen anderen Fall verlangen

Hinweise zum Gebrauch anderer Verben, die du in *Dialog 1* und *2* kennen gelernt hast,
findest du in den Lektionswörterverzeichnissen und in der Verbtabelle auf S. 132–133 in deinem Schülerbuch.

ankommen, eintreffen	**прибыва́ть** *uv.*
wo?	*куда́?* в/на *mit Akk.*
▸ *Der Zug kommt in Moskau um 16 Uhr an.*	▸ По́езд прибыва́ет <u>в</u> Москву́ в 16 часо́в.
(an)kommen, anreisen	**прие́хать** *v. zielger.*
wo?	*куда́?* в/на *mit Akk.*,
▸ *Wann kommen die Jugendlichen in Berlin an?*	▸ Когда́ прие́дут ребя́та <u>в</u> Берли́н?
(an)kommen	**прийти́** *v. zielger.*
wo?	*куда́?* в/на *mit Akk.*,
▸ *Pawel kommt zu mir zum Geburtstag.*	▸ Па́вел придёт ко мне <u>на</u> день рожде́ния.
anrufen	**позвони́ть** *v./* **звони́ть** *uv.*
wen? wo?	*кому́? mit Dat., куда́? mit Akk.*
▸ *Ich will meine Freunde in Moskau anrufen.*	▸ Я хочу́ позвони́ть друзья́м <u>в</u> Москву́.
▸ *Ich rufe meine Oma oft an.*	▸ Я ча́сто звоню́ ба́бушке.
begegnen *wem?*	**встре́тить** *v./* **встреча́ть** *uv.*
(zufällig) **treffen** *wen?*	*кого́? mit Akk.*
▸ *Gestern war ich im Cafe, dort begegnete ich Oleg und Olja.*	▸ Вчера́ я была́ в кафе́, там я встре́тила Оле́га и О́лю.
sich **beschäftigen**	**занима́ться** *uv.*
womit?	*чем? mit Instr. ohne Präposition*
▸ *Beschäftigst du dich gern mit Literatur?*	▸ Ты лю́бишь занима́ться литерату́рой?
▸ *Treibst du regelmäßig Sport?*	▸ Ты занима́ешься спо́ртом?
bummeln, spazieren gehen	**походи́ть** *v./* **ходи́ть** *uv.*
wo? durch mit Akk.	*где? по mit Dat.*
▸ *Wollt ihr durch die Museen bummeln?*	▸ Вы хоти́те походи́ть <u>по</u> музе́ям?
einladen	**пригласи́ть** *v./* **приглаша́ть** *uv.*
wen? wozu?	*кого́? mit Akk., на что?* на *mit Akk.*,
wohin? zu wem?	*куда́?* в/на *mit Akk., к кому́?* к *mit Dat.*
▸ *Jan hat Olja zum Geburtstag eingeladen.*	▸ Ян пригласи́л О́лю <u>на</u> день рожде́ния.
▸ *Onkel Wasja lädt uns nach Moskau ein.*	▸ Дя́дя Ва́ся приглаша́ет <u>нас</u> в Москву́.
▸ *Ich lade dich zu mir (zu Besuch) ein.*	▸ Я приглаша́ю тебя́ ко <u>мне</u> в го́сти.
fahren *(Rad o. ä. als Freizeitbeschäftigung)*	**ката́ться** *uv.* **на …**
was?	*на чём?* на *mit Präp.*
▸ *Ich fahre gern Fahrrad.*	▸ Я люблю́ ката́ться <u>на</u> велосипе́де.
(hin)fahren	**е́хать** *uv. zielger.* – **е́здить** *uv. nicht zielger.*
wohin? womit?	*куда́?* в/на *mit Akk., на чём?* на *mit Präp.*
▸ *Ich fahre heute mit dem Fahrrad zur Schule.*	▸ Сего́дня я е́ду <u>на</u> велосипе́де <u>в</u> шко́лу.
▸ *Die Jugendlichen fuhren nach Russland mit dem Zug.*	▸ Ребя́та е́здили <u>в</u> Росси́ю <u>на</u> по́езде.
(los)fahren, (hin)fahren	**пое́хать** *v. zielger.*
wohin? womit?	*куда́?* в/на *mit Akk., на чём?* на *mit Präp.*
▸ *Die Schüler fuhren mit dem Zug nach Moskau (los).*	▸ Шко́льники пое́хали <u>на</u> по́езде в Москву́.
fahren *(mit einem Boot)*	**плыть** *uv. zielger.* — **пла́вать** *uv. nicht zielger.*
wohin? womit?	*куда́?* в/на *mit Akk., на чём?* на *mit Präp.*
▸ *Wir sind nach Peterhof mit einem Schnellboot gefahren.*	▸ Мы пла́вали в Петерго́ф <u>на</u> ка́тере.
fliegen	**лете́ть** *uv. zielger.* — **лета́ть** *uv. nicht zielger.*
wohin? womit?	*куда́?* в/на *mit Akk. на чём?* на *mit Präp.*
▸ *Oleg fliegt gleich (mit dem Flugzeug) nach Moskau.*	▸ Оле́г сейча́с лети́т <u>на</u> самолёте <u>в</u> Москву́.
▸ *Sein Vater fliegt oft nach Sibirien.*	▸ Его́ оте́ц ча́сто лета́ет <u>в</u> Сиби́рь.

gratulieren *wem? wozu?* ▸ *Ich gratuliere dir zum Geburtstag.*	**поздра́вить** *v./* **поздравля́ть** *uv.* *кого́? mit Akk., с чем? с mit Instr.* ▸ Я поздравля́ю <u>тебя́</u> <u>с днём</u> рожде́ния.
heißt ... *wer?* ▸ *Das ist meine Schwester. Sie heißt Sweta.* ▸ *Wie heißt er? Er heißt Oleg.*	(меня́, тебя́, его́, её, нас, вас, их) **зову́т** ... *кого́? mit Akk.* ▸ Э́то моя́ сестра́. <u>Её</u> зову́т Све́та. ▸ Как его́ зову́т? <u>Его́</u> зову́т Оле́г.
sich interessieren *wofür? für wen?* ▸ *Ich interessiere mich für die russische Sprache.*	**интересова́ться** *uv.* *чем? кем? mit Instr., ohne Präposition* ▸ Я интересу́юсь ру́сск<u>им</u> язык<u>о́м</u>.
kennen lernen, bekannt machen *wen? mit wem?* ▸ *(Es ist mir) angenehm, Sie (euch) kennen zu lernen.*	**познако́миться** *v.* *с кем? с чем? с mit Instr.* ▸ Мне прия́тно <u>с ва́ми</u> познако́миться.
reisen *wo? durch mit Akk.* ▸ *Tanja reist gern durch Russland*	**путеше́ствовать** *uv.* *где? по mit Dat.* ▸ Та́ня лю́бит путеше́ствовать <u>по</u> Росси́и.
schwimmen *wohin?* ▸ *Tanja schwamm zum (ans) Ufer.*	**плыть** *uv. zielger.* – **пла́вать** *uv. nicht zielger.* *к чему́? к mit Dat.* ▸ Та́ня плыла́ <u>к</u> бе́регу.
spazieren gehen *(eine Weile)*, **bummeln** *wo? durch mit Akk.* ▸ *Leute, lasst uns durch die Geschäfte bummeln!*	**погуля́ть** *v./* **гуля́ть** *uv.* *где? по mit Dat.* ▸ Ребя́та, дава́йте погуля́ем по магази́н<u>ам</u>.
spielen *was? (Musikinstrument/Sportart)* ▸ *Ira spielt Gitarre, Olja spielt Tennis.*	**поигра́ть** *v./* **игра́ть** *uv.* *на чём? mit Präp., во что? mit Akk.* ▸ Йра игра́ет <u>на</u> гита́р<u>е</u>, а О́ля игра́ет <u>в</u> те́ннис.
teilnehmen *wo? woran?* ▸ *Sascha nimmt an der Physikolympiade teil.*	**уча́ствовать** *uv.* *в чём? в mit Präp.* ▸ Са́ша уча́ствует <u>в</u> олимпиа́де <u>по</u> фи́зике.
telefonieren *mit wem?* ▸ *Lena telefoniert mit der Freundin.*	**говори́ть** *uv.* **по телефо́ну** *с кем? с mit Instr.* ▸ Ле́на говори́т по телефо́ну <u>с</u> подру́г<u>ой</u>.
tut *etw.* **weh**, *wem?* ▸ *Nina tut der Zahn weh.*	**боле́ть** *uv.* (**боли́т/боля́т**) *у кого́? у mit Gen.* ▸ <u>У</u> Ни́ны боли́т зуб.
sich vorbereiten *worauf?* ▸ *Die gesamte Klasse bereitet sich auf den Physiktest vor.*	**гото́виться** *uv.* *к чему́? к mit Dat.* ▸ Весь класс гото́вится <u>к</u> те́сту по фи́зике.
vorstellen, bekannt machen *wem?* ▸ *Ich möchte dich mit meinem Freund bekanntmachen* *(... dich meinem Freund vorstellen).*	**познако́мить** *v.* *кого́? mit Akk., с кем? mit Instr.* ▸ Я хочу́ познако́мить тебя́ <u>с</u> мои́м дру́г<u>ом</u>.
warten *auf etwas, auf wen? was? wen?* ▸ *Wir warteten auf Nikolai und Irina.* ▸ *Die Eltern erwarten Gäste.*	**ждать** *uv.* *кого́? чего́? mit Akk., ohne Präposition* ▸ Мы жда́ли Никола́я и Ири́ну. ▸ Роди́тели ждут госте́й.
werden *(einen Beruf erlernen)* *was?* ▸ *Nina will Mathematikerin werden.*	**стать** *v.* *кем? mit Instr.* ▸ Ни́на хо́чет стать матема́тик<u>ом</u>.
wünschen *wem? was?* ▸ *Katja wünscht der Mutti Glück und Gesundheit.* ▸ *Meine Schwester wünscht mir Erfolg.*	**жела́ть** *uv.* *кому́? mit Dat., чего́? mit Gen.* ▸ Ка́тя жела́ет ма́м<u>е</u> сча́стья и здоро́вья. ▸ Моя́ сестра́ жела́ет <u>мне</u> успе́х<u>ов</u>.

Hier kannst du deine Lösungen überprüfen.

Auf den folgenden Seiten findest du Lösungen und Hinweise zu den Testseiten
der einzelnen Lektionen (Seiten 13, 23, 33, 43, 53). Mit ihrer Hilfe kannst du selbst kontrollieren,
was du schon sicher beherrschst oder wo du vielleicht noch Lücken hast.

Wie nutzt du die Testaufgaben am besten?
Das Vorgehen ist dir bereits aus *Диалог 1* bekannt:
Löse alle Aufgaben vollständig und selbstständig.
Vergleiche anschließend deine Antworten mit den Lösungen auf diesen Seiten.
Kennzeichne deine Fehler und korrigiere sie. Nutze dazu die Hinweise in der rechten Spalte.
Vergleiche deine Ergebnisse mit denen deines Banknachbarn/deiner Banknachbarin,
wenn *Незнайка* dir das empfiehlt.
Erst wenn du mit diesen Hinweisen selbst keine Lösungen findest, solltest du dich an
deine Lehrerin/deinen Lehrer wenden.

Abschnitt, S./Übung	Lösungen	Hinweise, wenn du Probleme hattest im SB S. 8/2 = im Schülerbuch Seite 8 Übung 2
Урок 1 S. 13/1	z. B. белая футболка, чёрные брюки, зелёное платье, красный свитер	– Wiederhole die Bezeichnungen für Farben und Kleidungsstücke im SB S. 14/7 und S. 14/8. – Beispiele für die Verwendung der Farbadjektive findest du im SB S. 14/10 und S. 15/11.
S. 13/2	Ему … Он … У него … … с ним. … его … Его зовут Артём. О ней … Ей … Она … У неё … … с ней … … её … Её зовут Настя.	– Muster für den Gebrauch des Personalpronomens *она* findest du im SB S. 12/3. Die Übung S. 13/5 hilft dir den Gebrauch von *он* zu wiederholen. – Lies auch G 2.
S. 13/3	На чём вы приедете? Когда (ваш) поезд отправляется из Москвы? Когда поезд прибывает в Берлин?	– Lies noch einmal SB S. 8/2. – SB S. 10/6b und S.10/7a helfen dir, die Fragen nach dem Verkehrsmittel und den Abfahrts- und Ankunftszeiten richtig zu formulieren.
Урок 2 S. 23/1	Kontrolliert euch hier gegenseitig. Bittet dann eure Lehrerin/euren Lehrer, dass sie/er überprüft, ob alles richtig geschrieben ist.	– Wiederhole die Unterrichtsfächer im SB S. 24/1, S. 25/4 und S. 28/2. – Nutze auch das alphabetische Wörterverzeichnis.
S. 23/2	1) учится в восьмом классе 2) учится 3) отметки 4) учит 5) языком	– Hilfe zur Verwendung der Verben *учиться* und *учить* findest du im SB S. 24/2 und S. 25/7. – Beispiele für den Gebrauch von *заниматься* findest du im SB S. 26/11a.
S. 23/3	1-в; 2-а; 3-г; 4-д; 5-б	– Diese Aufgabe enthält viele Verben. Zur Wiederholung schau dir noch einmal an: SB S. 32/1 und S. 34/7. – Lies G 10 und G 16 und fasse für dich zusammen, was du bei der Konjugation von *заниматься, интересоваться* und *участвовать* beachten musst.

Abschnitt, S./Übung	Lösungen	Hinweise, wenn du Probleme hattest im SB S. 8/2 = im Schülerbuch Seite 8 Übung 2
S. 23/4	z. B. Я учусь в реальной школе (гимназии), в седьмом классе. Мои любимые предметы – физика, музыка, русский язык … По этим предметам я обычно получаю единицы и двойки. После школы (после уроков, в свободное время) я занимаюсь спортом.	– Wiederhole, wie man sagt, in welche Schule und Klasse man geht (SB S. 24/3), welche Lieblingsfächer man hat (SB S. 25/5), welche Zensuren man erhält (SB S. 31/10), was man nach der Schule macht (SB S. 26/12 und S. 34/7). – Bitte deine Lehrerin/deinen Lehrer, dass sie/er überprüft, ob alles richtig geschrieben ist.
Урок 3 S. 33/1	Как тебя зовут? Как твоя фамилия? Сколько тебе лет? Когда и где ты родилась? Где ты живёшь? Где ты учишься? В каком классе ты учишься?	– Sieh dir noch einmal den Text und die Fragen im SB S. 43/11 an. – Nutze das Wörterverzeichnis zum Nachschlagen der Fragewörter.
S. 33/2	1. Антон пригласил дядю Мишу, тётю Лену, Катю, Олега, Костю. 2. День рождения у Мити 10 июля. Ему 12 лет. 3. Митю поздравляют дядя Миша, тётя Лена, Катя и Олег. 4. Они подарили ему билеты в цирк, книгу «Гарри Поттер и орден Феникса» и компакт-диск/CD. 5. Они пожелали ему здоровья (счастья, успехов в школе, радости).	– Suche im SB Muster zum Gebrauch der Verben *пригласить* (SB S. 44/1, 46/7a), *поздравлять* (SB S. 48/2), *подарить* (SB S. 40/1, 42/9) und *пожелать* (SB S. 48/2, 49/5). – Hilfe zur Angabe des Geburtstages findest du im SB S. 41/3, S. 41/6. – Sieh dir die Verbtabelle auf S. 77–78 an und formuliere, welcher Kasus nach den genannten Verben folgt.
Урок 4 S. 43/1	Таня <u>любит</u> велоспорт. Зара и Олег часто <u>встречаются</u> с друзьями. Лара <u>ходит</u> по магазинам. Антон <u>занимается</u> плаванием. Мы <u>умеем петь</u> под караоке.	– Wiederhole die Verben. Nutze SB S. 57/4, Beispiele zur Verwendung von *заниматься* findest du auch im SB S. 26/11a. – Lies auch noch einmal G 10. – Hinweise zur Konjugation der Verben findest du in *Dialog 1* G 20–21.
S. 43/2	z. B. 1. В свободное время я занимаюсь (плаванием) …/ я люблю заниматься … 2. Да, интересуюсь./ Нет, я не интересуюсь (фигурным катанием). 3. Да, (конечно,) умею./ Нет, (к сожалению,) не умею. 4. Я встречаюсь в свободное время с другом (подругой, друзьями).	– Um deine Freizeitinteressen vorzustellen, lies noch einmal nach im SB S. 56/1, 3 und S. 57/4. – Informiere dich in G 25, wie man ausdrückt, dass man etwas kann. Dabei sind auch die Übungen SB S. 57/5 und 6 hilfreich. – Bitte deine Lehrerin/deinen Lehrer, dass sie/er überprüft, ob alles richtig geschrieben ist.

Kontrolliert euch hier gegenseitig. Bittet dann eure Lehrerin/euren Lehrer, dass sie/er überprüft, ob alles richtig geschrieben ist.